GLASS, IRONY
& GOD

앤 카슨
Anne Carson

『유리, 아이러니 그리고 신』의 목소리는 침묵 속에 오래 머무르다가 더이상 견딜 수 없을 때에야 비로소 입을 연다. 그것은 원초적인 긴급함 속에서 적힌 메모처럼 돌연히 나타나 고대적이면서도 기이할 정도로 현대적인 이야기, 기록과 전승이 뒤엉킨 연대기처럼 울린다. 전혀 다른 맥락 속에 놓인 각각의 작품들은 깨진 유리 조각들처럼 각자 빛나는 동시에 서로를 비춘다. "거친 작업장에서 깎아 만든" 유리 조각들, 그 거대한 슬픔과 빛의 덩어리 위로 "말들이 이따금 자취를 남기며 지나"간다.

GLASS, IRONY & GOD

ANNE CARSON

유리, 아이러니 그리고 신

앤 카슨

황유원 옮김

난다

어머니와 아버지께

차례

일러두기

* 각주는 모두 역주이다.
* 원문과 같이 영어가 아닌 외국어는 이탤릭으로 표기하였다.
* 원문에서 단어를 대문자로 표기해 강조한 부분은 굵은 명조로 표현했다.
* 국립국어원의 외래어 표기법을 따르되, 독자들의 편의를 고려하여 이를 따르지 않은 곳도 있다.

유리 에세이

나

꿈속에서 딸깍하는 작은 소리들 들려온다.
뒤로는 은빛 수도꼭지에서 떨어지는
밤의 물방울 소리.
새벽 4시에 나는 잠에서 깬다. 9월에

떠나간 그
남자를 생각하며.
그의 이름은 로우Law였다.

화장실 거울에 비친 내 얼굴에는
길고 흰 줄들이 내리그어져 있다.
나는 세수를 하고 침대로 돌아간다.
내일은 어머니를 만나러 갈 것이다.

그녀

그녀는 북부 황야에 산다.

그녀는 혼자 산다.

그곳에서 봄은 칼날처럼 펼쳐진다.

나는 온종일 기차를 타고 가고, 책도 잔뜩 챙겼다

몇 권은 어머니를 위해, 몇 권은 나를 위해

『에밀리 브론테 전집』도 포함해서.

그녀는 내가 가장 좋아하는 작가다.

또한 가장 두려운 존재이기도 하다, 나는 그 두려움에 맞

　서볼 생각이다.

어머니를 찾아갈 때마다 나는

에밀리 브론테로 변하는 듯한 기분이 든다,

나를 둘러싼 내 쓸쓸한 삶은 황야 같고,

무거운 발걸음으로 진창을 걷는 내 볼품없는 몸뚱이는

　변화의 기운을 띠고 있으나

그건 부엌문 안으로 들어가면 사라지고 만다.

우리에게 필요한 건, 에밀리, 어떤 고깃덩어리니?[1]

---

1 '고깃덩어리'로 옮긴 'meat'는 'meet(만남)'와 음이 같기 때문에 이 문장은 "우리에게 필요한 건, 에밀리, 어떤 만남이니?"로 읽힐 수도 있다.

셋

부엌 식탁에 말없이 앉아 있는 여자 셋.
어머니의 부엌은 작고 어둡지만 멀리 창밖으로는
얼음으로 마비된 황야가 있다.
황야는 쭉 펼쳐진 평지 너머

견고하고 빛 없는 하얀 하늘로 눈 닿는 곳까지 뻗어나간다.
어머니와 나는 가만히 상추를 우물거리고 있다.
부엌 벽시계는 초침이 1분에 한 번씩 12자를 뛰어넘을 때
　　마다

거칠고 낮은 진동음을 낸다.
나는 설탕 그릇을 받침대 삼아 에밀리의 책 216쪽을 펼쳐
　　놓고 있지만
실은 몰래 어머니를 관찰하고 있다.

무수한 질문들이 내 눈을 안쪽에서 때려댄다.
어머니는 상추를 유심히 들여다보고 있다.

나는 217쪽으로 책장을 넘긴다.

"나는 부엌을 통과해 도망치다가 문간에서 의자 등받이
   에다
한배에서 태어난 강아지들을 목매달고 있던
헤어턴을 넘어뜨렸고 (…)"[1]

마치 우리 모두가 유리의 대기 속으로 끌려내려가기라도
   한 듯하다.
이따금씩 유리 위로 말들이 자취를 남기며 지나간다.
집 뒤쪽 부지에 세금이 붙었어. 좋은 멜론은 아니구나,

아직 제철은 아니지.
시내의 미용사가 신God을 발견했어, 화요일마다 가게를
   닫아.
마른행주 서랍에 또 쥐가 들락거린단다.
작고 동그란 똥들. 냅킨 모서리를

물어뜯어, 요즘 종이 냅킨이
얼마나 비싼지 그놈들이 알아야 하는데.

___

1   에밀리 브론테의 『폭풍의 언덕』 17장 중에서.

오늘밤에 비가 온다는구나.

내일도 비가 오고.
필리핀의 그 화산이 또 터졌다지. 그 여자 이름이 뭐더라
앤더슨이 죽었대 아니 셜리가 아니라

그 오페라 가수. 흑인 여자.
암덩어리 같은.
고명을 안 먹는구나, 피멘토[2]가 싫니?

창밖으로 평지 위에서 서걱대고 있는 낙엽과
떨어진 소나무 쪼가리에 상처 입은 잔설이 보인다.
황야의 한가운데

땅이 우울함[3]으로 꺼지는 곳에서
얼음이 꽉 쥐었던 손을 풀기 시작했다.
얼음에서 분리된 검은 물이

분노처럼 차오른다. 어머니가 대뜸 말한다.

---

2   작고 빨간 고추의 일종.
3   depression. '우울'과 '지반 함몰'을 동시에 의미한다.

정신과 치료가 별 도움이 안 되는 거야, 그렇지?
너는 그를 못 잊고 있어.

어머니는 모든 걸 간단히 요약해버리는 버릇이 있다.
그녀는 로우를 딱히 마음에 들어했던 적이 없지만
내게 남자가 생기고 내가 삶을 잘 살아나간다는 점은 마
　음에 들어했다.

흐음 그는 받는 사람이고 너는 주는 사람이니 잘되길 바
　라마,
라는 게 그녀가 그를 만나고서 했던 말의 전부다.
주고받는다는 것은 그 당시 내게는 그저

말에 불과했다. 나는 그전에 사랑을 해본 적이 없었다.
그것은 비탈 아래로 굴러가는 바퀴와도 같았다.
하지만 오늘 이른아침, 어머니가 주무시는 동안

『폭풍의 언덕』에서 히스클리프가 폭풍이 불어오는 와중
　에 덧창에 매달린 채
진심으로 사랑하는 연인의 유령을 향해 들어와! 들어와!
하고 외치며 흐느끼는 부분을 아래층에서 읽다가

나도 양탄자 위에 무릎을 꿇고는 흐느끼고 말았다.

그녀는 강아지들을 목매다는 법을 안다,

저 에밀리는.

그게 아스피린을 먹는 거랑은 다르다는 거 아시잖아요,

　나는 힘없이 대답한다.

호우Haw 선생님은 슬픔을 이겨내는 데 오랜 시간이 필요하

　대요.

그녀가 눈살을 찌푸린다. 과거를 전부 들추어내는 게

대체 무슨 소용이니?

아 ─ 나는 두 손을 벌린다 ─

제가 승리하게 되는 거죠! 나는 그녀의 눈을 쳐다본다.

그녀가 소리 없이 활짝 웃는다. 암, 그래야지.

와처

와처_{whacher,}

에밀리가 습관적으로 이렇게 쓴 단어는

혼란을 야기해왔다.

이를테면

셰익스피어 헤드판에 실린 시의 첫 구절인

말해다오, 지금이 겨울인가_{Tell me, whether, is it winter?}

하지만 그녀가 쓴 단어는 와처_{whacher}였다.[1]

그녀는 와처였다.

그녀는 신과 인간과 황야의 바람과 탁 트인 밤을 봤

다_{whached.}

그녀는 눈_目, 별, 내면, 외면, 실제 날씨를 봤다_{whached.}

---

[1] 에밀리 브론테의 『곤달 시집(The Gondal Poems)』 편집자들은 원고의 'whacher'를 'whether'의 오기로 보고 수정했다. 카슨은 이 단어를 'watcher', 즉 '보는 이' '관찰자'로 보며, 본문 구절을 이렇게 해석하면 "말해다오, 보는 이여, 지금이 겨울인가?"가 된다.

그녀는 시간의 빗장이 망가진 것을 봤다 whached.

그녀는 세상의 보잘것없는 중심부가

활짝 벌어진 것을 봤다 whached.

와처가 되는 데 선택의 여지는 없다.

그것으로부터 도망칠 곳도 없고

기어올라갈 바위 턱도 없다 — 헤엄치다가

해질녘에 물 밖으로 걸어나와 몸에서 물을

털어내는 사람처럼, 그것은 그저 갑자기 찾아오는 것.

와처가 된다는 것은 그 자체로 슬픈 일도 기쁜 일도 아

　니다,

그녀가 소설에서 성적 결합의 감정을 환기할 때처럼

시에서 이 단어를 사용하고 있긴 하지만,

와칭 whaching 이라는 작업을 완곡히 스쳐지나듯 해내고 있

　긴 하지만.

그러나 그것은 이름이 없다.

그것은 투명하다.

때로 그녀는 그것을 그대 Thou 라고 부른다.

"에밀리는 거실에서 카펫을 비질하고 있다"
라고 샬럿[2]은 1828년에 기록하고 있다.
심지어 집 안에서도 비사교적이고

용기를 내어 집 밖으로 나갔을 때도 낯선 이들과 눈을 마
  주치지 못했던 에밀리는
몇 년 동안 매일같이 그런
어색한 삶을 이어갔고, 그 삶의 황량함[3]은 그녀의 전기 작
  가들을 질리게 한다.

이 슬프고 위축된 삶, 이라고 누구는 말한다.
재미없고 평범하며 실망과
절망에 시달린 삶, 이라고 또 누구는 말한다.

그녀가 남자였더라면 위대한 항해사navigator가 될 수도 있
  었을 것이다, 라고
또 누구는 넌지시 말한다. 그러는 동안

---

2 에밀리 브론테의 언니이자 『제인 에어』를 쓴 샬럿 브론테.

3 bareness. 이 단어에는 '노출' '나체'의 뜻도 있다. 이는 뒤에 이어질 '누드' 모티프
와 연결된다.

에밀리는 계속 비질을 하며 이 질문을 카펫 아래로 밀어
　넣고 있었다[4],　　　　．

왜 세상을 내버리나.
그대와 이어진 누군가에게
세상은 반쯤 완성된 하나의 문장 같은 것이었을 수도 있
　는데.

하지만 황야로의 산책을 마치고 돌아온
그녀의 얼굴이 "신성한 빛으로 환히 밝혀져 있었다"
라고 회상하는 이웃과

에밀리는 평생 친구를 사귄 적이 단 한 번도 없었다고
우리에게 말해주는 그녀의 언니 사이에는
날것 그대로의 작은 영혼이 지나다니는

공간이 하나 있다.
그것은 깊은 용골 아래를 쇠바다제비[5]처럼 스치듯

4　brush into the carpet. '(밝혀지길 원치 않는 무언가를) 사람들의 시선에서 숨기거
나 감추다'는 뜻의 관용구.

5　storm petrel. 폭풍우를 예고하는 새로 알려져 있으며, '불안을 불러일으키는 사람'
이라는 뜻도 있다.

눈에 보이지 않게 지나간다.

그 날것 그대로의 작은 영혼은 그 누구에게도 붙잡히지
　않았다.
그녀에게는 친구, 자식, 섹스 상대, 종교, 남편, 성공, 수
　입이 없었다,
혹은 죽음에 대한 두려움이 없었다. 그녀는 평생 동안

총 6개월을 일했으며(핼리팩스[6]에서의 보조교사 일)
서른한 살이 되던 해 어느 겨울날 오후 2시에
자기 집 소파에서 숨을 거두었다. 그녀는

인생 대부분의 시간을 카펫을 비질하거나
황야를 거닐거나
와칭을 하며 보냈다. 그녀는 그것이 자신에게

평온함을 가져다줬다고 말한다.
"모두들 바쁘게 잘해나가고 있고, 이대로라면 4년 후의
　오늘 우리 모두가 어떤 모습이 되어 있을지 기대된다"

6　잉글랜드 북부 웨스트요크셔주에 위치한 소도시.

라고 그녀는 1837년의 일기에 적었다.[7]

하지만 그녀의 시는 처음부터 끝까지 감옥,

지하실, 우리cage, 창살, 마구馬具, 재갈, 빗장, 족쇄,

잠긴 창문, 좁은 창틀, 아파하는 벽에 대한 것뿐이다.

"왜 이렇게 호들갑을 떠는 걸까?" 한 비평가는 묻는다.

"그녀는 자유를 원했다. 그런데 그녀는 자유롭지 않았던

　가?

꽤나 만족스러운 가정생활,

더없이 만족스러운 꿈속 생활ー왜 이렇게 날개를 푸드

　덕거리는 것일까?

우리 눈에는 보이지 않는 이 우리cage,

그녀가 갇혀 있다고 느꼈던 이 우리는 대체 무엇이었을

　까?"

글쎄 인간은 다양한 방식으로 포로가 될 수 있다,

나는 황야를 성큼성큼 거닐며 이렇게 생각한다.

보통 점심식사 후에 어머니는 낮잠을 자고

7　동생 앤 브론테와 함께 쓴 일기장의 1837년 6월 26일 일기.

나는 산책을 나간다.
빛의 칼로 내 몸에 새겨지는
4월의 헐벗은 푸른 나무들과 빛바랜 나무 같은 하늘.

그 빛 내부의 무언가가 어린 시절을 떠올리게 한다 ─
그것은 점심식사가 끝난 후 정지된 시간의 빛,
시계가 똑딱이고

마음이 닫히고
아버지들은 직장으로 돌아가기 위해 다시 집을 나서고
어머니들은 부엌 싱크대에 서서 끝까지 우리에게 비밀로
　간직할 무언가를

곰곰이 생각하고 있을 때의 빛이다.
너는 기억하는 게 너무 많아,
어머니는 최근에 내게 그렇게 말했다.

왜 그걸 다 붙들고 있는 거니? 그리고 나는 말했다,
제가 그걸 어디다 내려놓을 수 있겠어요?
그녀는 공항에 대한 질문으로 화제를 돌렸다.

내가 계속 황야를 가로질러나아가는 동안
창백한 푸른 태양의 움직임으로 덮혀진 얼음들이
주위에서 온통 진창으로 변해간다.

황야의 끝에 있는 우리의 소나무들은
다른 어디선가 불어오는 산들바람에 고개를 숙이며
부드럽게 몸을 흔든다.

어쩌면 실연의 가장 힘든 점은
한 해가 고스란히 반복되는 것을 지켜봐야 한다는 데 있
　을지도 모른다.
그것은 마치 내가 시간 속에 두 손을 담그고

1년 전 어느 다른 나라에서 4월의 열기가 만들어냈던
푸른빛과 초록빛의 마름모꼴을
떠올릴 수 있는 것과도 같다.

나는 그때 그날이 오늘의 저 아래편에서
낡은 비디오테이프처럼 재생되듯 흘러가고 있는 걸 느낄
　수 있다 ―그의 집으로 올라가는 언덕의 마지막 모퉁
　이를
빠르게 돌아가는 우리,

차창 안으로 날려오는 라임과 장미의 그림자와
라디오에서 뿜어져나오는 음악과
내 왼손을 자기 입술에 갖다대며 노래를 부르는 그.

로우는 바다가 내려다보이는 높고 푸른 방에 살았다.
투명한 고리를 이루며 지금 내 아래로 흘러가고 있는 시
　간에는
그 방에 울리는 전화벨 소리와

멀리서 들려오는 자동차 소리, 창 아래서 쌀쌀맞게 꾸꾸
　울고 있는
비둘기 소리와 넌 정말 아름다워, 라고 말하는 그의 목소
　리가
여전히 담겨 있다. 나는 그 아름다운 여자가

그 높고 푸른 방에서 그의 품에 꼭 안길 때 내 안에서 뛰
　는 그녀의 심장을 느낄 수 있다 ―
안 돼, 나는 큰 소리로 말한다. 나는 갑자기 물처럼 차갑
　고 무거워진 대기 아래로
두 팔을 힘껏 내리고

비디오테이프는 돌연 정지된다,

위에 피 한 방울이 떨어진 유리판처럼.

나는 멈춘 채 돌아선다,

황야를 지나 내 쪽으로 돌진해오는 바람을 향해.

로우가 떠났을 때는 가슴이 너무 아파서 이러다 죽는 게

　아닌가 싶었다.

흔히 있는 일이다.

나는 명상을 하기 시작했다.

매일 아침 소파 앞 바닥에 앉아서

고대 라틴어로 된 기도문을 조금씩 읊조렸다.

주님, 심연 속에서 당신께 부르짖나이다 *De profundis clamavi ad te*

　Domine. [8]

매일 아침 내게 환영이 하나씩 찾아왔다.

나는 언뜻 보이는 이것들이 내 영혼의 벌거벗은 모습이

　라는 사실을 차츰 깨닫게 되었다.

나는 그것들을 누드라고 불렀다.

---

8 「시편」 130편 1절.

누드 #1. 언덕 위에 홀로 있는 여자.
그녀는 바람을 향해 서 있다.

북쪽에서 불어오는 세찬 바람이다.
여자의 몸에서 찢겨 펄럭이는 가늘고 긴 피부조각들은
　공중에 떠올라
바람을 타고 날아가고, 그곳에는

신경과 피와 근육이 모두 드러난 기둥 하나만이 남아
입술 없는 입으로 무언의 외침을 내뱉고 있다.
이것을 기록하고 있자니 고통이 밀려온다,

나는 멜로드라마적인 사람이 아니다.
하지만 샬럿 브론테가 『폭풍의 언덕』을 두고 말했듯
영혼은 "거친 작업장에서 깎아 만든" 것이다.

샬럿이 쓴 『폭풍의 언덕』 서문은 홍보 담당자의 걸작이다.
소파 팔걸이에 웅크리고 있는 전갈에게
의도적으로 눈길을 주지 않는 사람처럼, 샬럿은

단호하고 침착하게 이야기한다
에밀리의 작업장을 이루는 다른 장비들에 대해ㅡ그러

니까

거침없는 정신("남성보다 강하고, 아이보다 소박하다"),

고통스러운 병("그 어떤 말로도 표현할 수 없는 고통"),
자발적인 최후("그녀는 급속히 쇠약해졌다, 그녀는 서둘
  러 우리 곁을 떠났다")에 대해,
그리고 에밀리 자신은 이해할 수도 통제할 수도 없었던

그렇기에 만일 그녀가 "번개를 내뿜기 위해" 입을 열었
  다 하더라도
찬양도 비난도 받아서는 안 될
그 창조적인 작업에의

전적인 예속 상태에 대해. 우리가 에밀리의
전기 흐르는 공간 속에 들어설 때 경험하게 되리라 기대
  하는 번개나
다른 날씨들에 대한 유용한 말을

샬럿이 계속 들려주는 동안
전갈은 소파 팔걸이 아래로 조금씩 움직이고 있다.
에밀리의 공간에서 우리를 기다리고 있는 것은 "거대한
  어둠의 공포"[9]이지만

에밀리에게는 책임이 없다. 에밀리는 사로잡혀 있었다.

"에밀리는 이러한 존재들을 만들어낸 뒤에도 자신이 무
슨 일을 했는지 알지 못했다"

라고 샬럿은 (히스클리프와 언쇼와 캐서린을 두고) 말
한다.

글쎄 인간은 다양한 방식으로 포로가 될 수 있다.

샬럿이 "그녀는 자기 자신에게 무자비했다"라고 결론 내
리는 동안

전갈이 가볍게 도약해 우리의 왼쪽 무릎 위에 착지했다.

무자비하기는 에밀리가 워더링하다고 칭한 하이츠도 마
찬가지인데

왜냐하면 그곳은 "상쾌한 바람이 통하고"

"절벽 위로 북풍이 불어오기" 때문이다.[10]

아버지의 집을 사방에서 에워싼 황야,

---

9 『창세기』 15장 12절 중에서.

10 『폭풍의 언덕』으로 알려진 이 소설의 원제는 '워더링 하이츠(Wuthering
Heights)'이며, 이는 작중 인물인 히스클리프의 집 이름이기도 하다. 'wuthering'은
'바람이 쌩쌩 부는'을, 'heights'는 전망을 할 수 있는 건물을 뜻한다.

맷돌바위라고 불리는 종류의 바위가 형성되어 있는 황
　야를
북풍이 갈아내는 것을 와칭하면서,

에밀리는 사랑과 그 필요성에 대해 자신이 아는 모든 것
　을 배웠다 ─
그녀의 인물들이 서로를 이용하는 방식을 만들어내는
험악한 교육을. "히스클리프에 대한 나의 사랑은," 캐서
　린은 말한다,

"땅 아래 있는 영원한 바위와도 같아 ─
눈에 보이는 기쁨의 근원은 아니더라도, 반드시 필요한
　거야".
반드시 필요한 것이라고? 나는 햇빛이 흐릿해지고

오후의 공기가 날카로워졌음을 알아차린다.
나는 뒤돌아서서 다시 황야를 가로질러 집으로 돌아가기
　시작한다.
캐서린과 히스클리프 같은 사람들을, 열암熱岩에 생겨났
　다가

굳으면 그 자리에서 오도 가도 못한 채

서로 만나지 못하게 되어버리는 작은 구멍들처럼
서로 붙여놓았다 떼어놓는

그런 명령이란 무엇인가? 그건 대체 어떤 종류의 필요성
　　인가?
내가 마지막으로 로우를 본 것은 9월의 어느 검은 밤이
　　었다.
가을로 접어든 때였고,

입고 있던 옷 안쪽으로 무릎이 시려왔다.
차가운 달 한 조각이 떠올랐다.
그는 내 집 거실에 서서 나를 쳐다보지도 않은 채

말했다. 동력이 부족했어,
그는 5년 동안 우리가 나눈 사랑을 두고 그렇게 말했다.
나는 가슴속에서 심장이 두 동강 난 채

따로 부유하는 듯한 기분을 느꼈다. 이제 나는 너무 추웠
　　<u>으므로</u>
그것은 불타는 듯했다. 나는 손을 뻗어
그의 손을 만지려 했다. 그는 뒤로 물러섰다.

나는 너와 자고 싶지 않아, 그가 말했다. 모든 게 미쳐돌아
   간다.
하지만 이제 그는 나를 바라보고 있었다.
그렇겠지, 나는 옷을 벗기 시작하며 말했다.

모든 게 미쳐돌아간다. 알몸이 되었을 때
나는 등을 돌렸다, 그는 등을 좋아하니까.
그가 내게로 왔다.

사랑과 그 필요성에 대해 내가 아는 모든 것을
나는 바로 그 한순간에 배웠다,
더이상 나를 아끼지 않던 남자를 향해

타오르듯이 붉은 내 작은 엉덩이를
나도 모르게 개코원숭이처럼 들이밀었을 때.
이 행동으로 인해 내 정신 가운데

소름이 돋지 않는 부분이 없었고, 내 육신 또한 달리
어쩔 도리가 없었다.
하지만 정신과 육신에 대한 이야기는 질문을 하게 만든다.

영혼은 장소다,

육신과 정신 사이에 맷돌바위의 표면처럼 넓게 퍼져 있
　으며

그러한 필요성이 저절로 맷돌에 갈려 생겨나는 장소.

영혼은 내가 그날 밤새도록 지켜봤던 무엇이다.

로우는 내 곁에 머물렀다.

우리는 밤이 되긴 했지만 아직 잠을 자기에는 이르다는
　듯 침대보 위에 누워

어린 시절에들 그랬던 것처럼

우리가 만들어낸 언어로 서로에게 노래를 불러주고 서로
　를 어루만졌다.

그날 밤은 에밀리의 시를 빌려 말하자면

천당과 지옥 모두의 중심[11]인 밤이었다. 우리는 그 짓을
　하려 했지만

그의 물건은 잘 서질 않았고, 그럼에도 그는 행복해했다.
　나는 몇 번이고

오르가슴을 느꼈고, 그때마다 투명함이 층층이 쌓여갔

11　에밀리 브론테의 시 「스탠자(Stanzas)」의 마지막 행 "Can centre both the worlds of Heaven and Hell"에서 따온 구절.

으며,

마침내 거의 천장까지 떠올라서는
침대 위에서 꼭 껴안고 있는 두 영혼을,
그들 테두리에 그어진 유한한 존재로서의 경계선이

마치 지도 위의 선들처럼 보이는 두 영혼을 내려다보고
　있었다.
나는 그 선들이 굳어져가는 걸 봤다.
그는 아침에 떠났다.

길게 찰과상을 입은 4월의 바람 속으로 걸어가는 길은
아주 춥다.
매년 이맘때면 일몰은 보이질 않고
다만 빛 안쪽에서 해가 약간 움직이다가 지평선 너머로
　가라앉을 뿐이다.

부엌

부엌에 들어서면 그곳은 뼈처럼 고요하다.
집안 다른 곳에서는 아무 소리도 들려오지 않는다.
나는 잠시 기다렸다가
냉장고를 연다.

우주선처럼 눈부신 그것은 차가운 혼란을 내뿜는다.
어머니는 혼자 살고 적게 먹지만 냉장고는 늘 꽉 차 있다.
포일에 싸인 먹다 남은 크리스마스 케이크덩어리와

처방받은 약병들이 교묘하게 쌓여 있는 곳 아래에서
요구르트 그릇을 억지로 끄집어낸 후
나는 냉장고 문을 닫는다. 바닷물이 되밀려오기라도 한 듯

푸르스름한 어둠이 공간을 가득 채운다.
나는 싱크대에 몸을 기댄다.
나는 흰 음식이 가장 맛있고

혼자 먹는 걸 선호한다. 왜 그런지는 나도 모른다.

한번은 소녀들이 이런 오월제 노래를 부르는 걸 들은 적
이 있다:

비올란테는 식료품 저장실에서

양고기 뼈를 뜯고 있었네

어쩌나 열심히 뜯던지

어쩌나 열심히 빨던지

자신이 혼자라고 느꼈을 때.

소녀들은 스스로에게 가장 가혹하다.

여인의 몸이 되었음에도 평생 소녀로 남았던

에밀리 브론테 같은 사람에게는

존재의 모든 틈에 봄눈 같은 가혹함이 쌓여 있었다.

우리는 그녀가 카펫을 비질하곤 하던 때의 동작으로

자신에게서 그것을 털어내는 모습을 여러 차례 볼 수 있다.

타일러서 안 되면 그때 때리라고요!

라고 그녀는 (여섯 살 때) 오빠 브란웰을 두고서

아버지에게 훈계했다.

그리고 14살 때 미친개한테 물렸을 때, 그녀는 (사람들의
  말에 따르면)
당장 부엌으로 달려가서는 난로 뒤에서 벌겋게 달아오른
  부젓가락을 끄집어내
곧장 팔에 갖다댔다고 한다.

히스클리프의 상처를 지지는 데는 더 오랜 시간이 걸렸다.
그가 캐서린의 말을 절반까지만 엿듣고는
("히스클리프와 결혼하면 나의 품위가 떨어지고 말 거
  야")
부엌 뒷문으로 뛰쳐나가 황야 너머로 사라져버리는 4월
  의 저녁으로부터

워더링 하이츠 위층의 흠뻑 비에 젖은 침대 위에서
죽어서 뻣뻣하게 굳은 채 미소 짓고 있는 그의 모습을
하인이 발견하게 되는

어느 비바람 부는 아침에 이르기까지
소설 속 시간으로 30년이 넘게 걸렸다.
히스클리프는 고통[1]의 악마다.

---

1   pain. 발음이 같은 'pane(창유리)' 이미지의 확장이다.

만일 그가 부엌에 좀더 머물러
캐서린이 한 말의 나머지 절반을 들었더라면
("그러니까 내가 자기를 얼마나 사랑하는지 그애가 알아
　서는 안 돼."[2])

히스클리프는 자유의 몸이 될 수 있었을 것이다.
하지만 에밀리는 악마를 붙잡는 법을 알았다.
그녀는 그의 영혼이 있던 자리에

그가 숨을 쉬거나 생각에 잠길 때마다 그의 신경계로부터
늘 차갑게 떠나가는 캐서린을 집어넣었다.
부엌문을 열어둠으로써

그녀는 그의 모든 순간을 절반으로 쪼개버렸다.
나는 이 반쪽 난 삶이 낯설게 느껴지지 않는다.
하지만 이것이 다가 아니다.

히스클리프의 성적인 절망감은
에밀리 브론테의 인생에 우리가 아는 한 그런 경험이

2　『폭풍의 언덕』 9장 중에서.

없었다는 데서 생겨났다. 한 사람을

고통의 악마로 뒤틀어버릴 수 있는 내면의 가혹함을 품
　은 세월들,
그것에 대한 그녀의 질문은
난로에 아늑하게 불이 지펴진 부엌(에밀리의 철자법에
　따르면 'kichin')에서

집에서 기르던 나이든 개 키퍼를 발치에 둔 채
샬럿과 앤과 함께 감자를 깎으며 이야기를 지어내고 있
　었을 때 그녀를 찾아왔다.
(『폭풍의 언덕』이 쓰이기 약 6년 전인) 1839년에

그녀가 쓴 시에
다음과 같은 구절이 있다:

　　저 철인鐵人은 나처럼 태어났다,
　　그리고 그는 한때 열정적인 소년이었다:
　　어린아이였던 시절에 그는
　　여름하늘의 광휘를 느꼈을 게 틀림없다.[3]

---

3 「시행(Lines)」(1839.4.) 4연 전문. 참고로 에밀리의 시 중에는 동명의 작품이 두

이 철인은 누구인가?

어머니의 목소리가 그녀가 소파에 누워 있는 옆방으로
　부터

나를 가로질러간다.

얘야, 너니?

네 엄마Ma.

거기 불을 좀 켜지 그러니?

나는 부엌 창밖으로 강철 같은 4월의 해가

지저분한 은빛 하늘을 가로지르며

차갑고 노란 자신의 마지막 광선들을 찔러넣는 것을 바라
　본다.

알았어요 엄마. 저녁은 뭐예요?

편 더 있다(1837년 10월 작품과 12월 작품).

자유

자유[1]는 서로 다른 사람들에게 각기 다른 의미를 지닌다.
나는 아침에 침대에 누워 있는 것을 좋아해본 적이 없다.
로우는 좋아했다.
어머니도 좋아한다.

하지만 아침햇살이 두 눈에 와닿자마자, 나는 바깥으로
　나가고 싶어진다 ㅡ
황야를 따라 움직이며
깨어난 모든 것들의 첫 푸른 물결과 차가운 항해 속으로.

나는 옆방에서 어머니가 뒤척이고 한숨짓다 몸을 더 깊
　숙이 파묻는 소리를 듣는다.
나는 두 다리에서 퀴퀴한 우리cage 같은 이불을 걷어내고
자유로워진다free.

1　이 시에서 'free(dom)'를 병기하지 않은 '자유'의 원어는 모두 'Liberty'이다.

서리 내린 밤이 지나간 황야로 나오면 모든 게 눈부시고
　단단하다.
얼음의 빛이 하늘 꼭대기의 푸른 구멍을 향해 곧장 수직
　으로 돌진한다.
얼어붙은 진흙이 발아래서 뽀드득거린다. 그 소리에 깜짝

놀란 나는 오늘 아침 잠에서 깨기 전까지 꾸던 꿈,
물속에 잠긴 바늘처럼 로우의 품안에 안겨
밤새도록 누워 있는 그런 달콤한 꿈들 가운데 하나를

떠올린다 ─내 꿈의 골반을 따라 미끄러져내려오는
하얀 실크 같은 그의 두 손으로부터 몸을
빼내는 일은 육체적 노력을 필요로 한다 ─나는

뒤돌아서서 바람을 마주한 채
달리기 시작한다.
요괴, 악마, 죽음이 내 뒤를 줄줄이 따른다.

로우가 떠나간 후 몇 날 몇 달간
인생에서 하늘이 찢겨나간 듯한 기분이었다.
네게 더이상 집 같은 건 없었다.

로우와 나 사이의 사랑이

서로를 물어뜯고 갈구하는 두 마리의 동물에서

또다른 굶주림으로 변해가는 광경을 지켜보는 것은 끔찍
  한 일이었다.

어쩌면 이것이 사람들이 말하는 원죄original sin일지도, 라고
  나는 생각했다.

하지만 어떤 사랑이 그보다 앞서 존재할 수 있겠나?

앞선다는 게 뭔가?

사랑은 뭔가?

내 질문들은 독창적인original 게 아니었다.

나는 그것들에 답을 할 수도 없었다.

명상을 하는 아침이면

나는 사랑과 증오의 복잡한 수수께끼가 아니라

언뜻거리는 내 고독한 영혼의 누드를 보았다.

하지만 그 누드들은 밤새 빨랫줄에 매달린 채 얼어붙어
  있는 빨래들만큼이나

여전히 마음속에 선명히 남아 있다.

그것들은 모두 열세 개였다.

누드 #2. 가시로 만든 우리에 갇힌 여자.

검은 얼룩이 묻은 크고 반짝이는 갈색 가시들 속에서

그녀는 똑바로 서지 못한 채

이리저리 몸을 비튼다.

누드 #3. 이마에 거대한 가시가 하나 박혀 있는 여자.

그녀는 양손으로 가시를 움켜쥔 채

억지로 뽑아내려 애쓴다.

누드 #4. 히에로니무스 보스의 그림처럼 배경이 붉은빛

　으로 되어 있는

황량한 풍경에 서 있는 여자.

게의 등딱지처럼 생긴 소름 끼치는 장치가

그녀의 머리와 상체에 씌워져 있다.

그녀는 스웨터를 벗기라도 하듯 양팔을 교차시킨 채

그 등딱지를 벗으려 애를 쓴다.

내가 호우 선생님에게

그 누드들에 대해 말하기 시작한 건

바로 그때쯤이었다. 그녀는 말했다,

왜 이 끔찍한 이미지들을 보고도 그 곁에 있는 거죠?

왜 계속 지켜보는 거예요? 왜

떠나버리지 않는 거냐고요? 나는 어안이 벙벙했다.

어디로 떠나란 말인가요? 나는 말했다.

지금도 좋은 질문이었다고 생각한다.

하지만 이제 하루는 활짝 열렸고, 기이하고 앳된 4월의
  빛이

황야를 황금색 우윳빛으로 가득 물들이고 있다.

나는 우울함으로 꺼진 땅이 질퍽질퍽한 물로 가득차 있는

황야의 한가운데에 이르렀다.

물은 얼어 있다.

스스로의 밤의 자세에 사로잡힌, 황야에서의 삶의 딱딱
  하고 검은 창유리.[2]

검은 창유리 깊은 곳으로 거칠게 배열된 금빛 잡초들이

---

2 pane. 앞의 시 '부엌'에 등장하는 '고통(pain)의 악마'와 이어지며, 얼음, 유리, 창
문의 이미지와도 모두 연결된다.

보인다.

헐벗은 오리나무 네 그루가 그곳으로부터 똑바로 솟아

올라

푸른 대기 속에 흔들린다. 각각의 그루가

얼음에 박혀 있는 부분에서는 은빛 압력으로 만들어진

지도가 사방으로 퍼져나간다 —

새하얀 빛을 붙들고 있는, 머리카락처럼 가느다란 수천

개의 금,

창살 사이로 환히 미소를 머금고 있는

죄수의 얼굴 같은.

에밀리 브론테는 감옥에 갇힌 여자가 다음과 같이 말하

는 시를 쓴 적이 있다:

희망의 전령, 그가 매일 밤 내게로 오네

그리고 내 짧은 인생을 위해, 영원한 자유를 주네.[3]

나는 이 자유가 어떤 자유일지 궁금하다.

에밀리의 비평가들과 주석가들은 그녀의 이 말이 죽음

---

3 「죄수(The Prisoner)」1연 3~4행.

또는

죽음을 미리 보여주는 예지적 경험을 의미한다고 말한다.

그들은 그녀의 감옥을

19세기 잉글랜드 북부의 차가운 황야에 있는 외딴 교구

　　에서 살아가야 하는

목사의 딸에게 지워진

한계로 이해한다.

그들은 그녀가 감옥으로서의 삶을 그려낼 때 사용하는

　　극단적 용어들을 못 견뎌한다.

"브론테의 작품 대부분이 그러하듯

스스로를 과장하는 가식적인 태도를 지닌 이 시들은

언제라도 진부한 멜로드라마로 전락할 수 있다"

라고 누구는 말한다. 또 누구는

그녀가 사로잡힌 세상의 "생동감 없는 숭고함"에 대해 이

　　야기한다.

왜 계속 지켜보는 거예요?

심리치료사의 이 질문에 대답할 방법이 없다는 걸 깨달았

　　을 때

나는 그녀에게 누드들에 대해 말하기를 그만두었다.

그냥 지켜보는 사람도 있는 거죠, 내가 할 수 있는 말은
　이것뿐이다.

달리 갈 수 있는 곳도 없고

기어올라갈 바위 턱도 없다.

적절한 때를 기다리다보면 그녀에게 이런 내 심정을 설
　명할 기회가 찾아올지도 모르겠다,

대하기 아주 어려운 언니와의 관계에서처럼.

"그녀의 정신에 영향을 미칠 수 있는 것은 시간과 경험뿐
　이었다:

그녀의 정신은 다른 지식인들의 영향을 순순히 받아들이
　지 않았다"

라고 샬럿은 에밀리에 대해 썼다.

나는 이 두 자매가 목사관에서 아침을 먹으며

어떤 대화를 나눴을지 궁금하다.

"내 동생 에밀리는

감정을 드러내는 성격이 아니었다"라고 샬럿은 강조한다,

"또한 그녀의 정신과 감정의 후미진 곳에는

심지어 그녀와 가장 가깝고 친한 사람들조차

아무런 처벌 없이, 무단으로 침범할 수 없었다. (…)" 후
미진 곳은 여러 군데였다.

1845년 어느 가을날, 샬럿은

"우연히 내 동생 에밀리가 손수 쓴 시집 원고를 발견했
다".

그것은 검붉은 표지에 6d.[4]라고 표시되어 있는

작은 (4×6 사이즈) 공책이었고

거기에는 에밀리가 깨알 같은 글씨로 쓴 44편의 시가 담
겨 있었다.

샬럿은 에밀리가 시를 썼다는 걸 알고 있었지만

그 높은 수준에 "놀라움 이상의" 감정을 느꼈다.

"일반적으로 여자들이 쓰는 시와는 전혀 달랐다."

샬럿이 에밀리의 소설을 읽었을 때는 더한 놀라움이 기

---

4 공책 가격이 6펜스였음을 의미한다(당시 펜스의 약자로 라틴어 denarius를 줄인 'd.'를 사용했다).

다리고 있었는데
특히 소설에 사용된 상스러운 말 때문이었다.
그녀는 자신이 쓴 『폭풍의 언덕』 편집자 서문에서

이 후미진 부분을 조심스레 살펴본다.
"마찬가지로, 많은 독자들은 첫 글자와
마지막 글자만 표시하는 ㅡ그 사이의 공백은 빈 줄로 채
　우는 ㅡ게 관례인

단어들이 온전히 인쇄되어 있는
이 작품의 도입부에서부터 이어지는 페이지들을 읽어나
　가기가
무척 괴로울 것이다."

글쎄, 자유에는 여러 다른 정의가 존재한다.
사랑은 자유freedom야, 로우는 그렇게 말하길 좋아했다.
이 말을 의견이라기보다는 소망으로 받아들인 나는

화제를 바꿨다.
하지만 빈 줄들이 아무것도 말해주지 않는 것은 아니다.
샬럿이 지적하듯,

"불경하고 난폭한 사람들이 말을 꾸밀 때 사용하곤 하는
　그 비속어들을
하나의 글자로 암시하는 관행은
그 의도가 아무리 선하다 한들 나약하고 헛된 행위로 느
　껴진다.

나는 그게 무슨 소용인지 ─ 그렇게 해서 다치지 않게 해
　야 할
감정이 무엇인지 ─ 모르겠고
그로 인해 무슨 끔찍함이 가려지는지도 모르겠다".

나는 집으로 돌아가 아침을 먹기 위해
발길을 돌려 다시 황야를 걷기 시작한다.
말해지지 않은 것들의 언어는

양방 통행이다. 『에밀리 브론테 전집』에서 내가 가장
좋아하는 부분은
에밀리가 죽은 후 샬럿이

출간을 위해 에밀리의 시를 편집하면서
시구를 살짝 수정한 내용을 담고 있는
권말 주석 부분이다.

"strongest는 원래 [에밀리가 쓴] prison이었는데, 이 단어는 샬럿이 lordly로 고친 바 있다."[5]

5 샬럿은 에밀리의 『곤달 시집』 원고가 실린 노트를 수정하고 가필하면서 노트 11쪽에 실린 시에 '사랑의 작별(Love's Farewell)'이라는 제목을 붙였고, 이 시의 한 구절 "Or prison walls can hold(혹은 감옥의 벽이 붙들 수 있다면)"의 'prison'에 연필로 줄을 긋고 그 위에 'lordly(위엄 있는)' 혹은 'lonely(외로운)'로 추정되는 글자를 적어놓았다. 이 시는 에밀리 사후인 1950년에 샬럿의 편집으로 출간된 『커러, 엘리스, 액튼 벨의 시들(Poems by Currer , Ellis, and Acton Bell)』 2판에 수록되면서 처음 발표되었는데, 제목은 '마지막 말(Last Words)'로 변경되었고, 위 단어는 'strongest(가장 강력한)'로 다시 수정되었다.

히어로

어머니가 토스트를 씹는 모습을 보면
그녀가 밤새 잘 잤는지
그리고 이제 곧 하려는 말이 기쁜 일에 관한 것인지
아닌지를 알 수 있다.

아니다.
그녀는 접시 가장자리에 토스트를 내려놓는다.
저 방에 커튼을 좀 쳐도 괜찮을 텐데, 그녀가 입을 뗀다.

이건 내가 삶의 규칙들 시리즈라고 부르는
우리의 케케묵은 논쟁들 중 하나에 대한 우회적인 언급
　이다.
어머니는 밤에 잠자리에 들기 전에 늘 침실 커튼을 전부
　친다.

나는 내 방 커튼을 가능한 한 활짝 열어둔다.
난 다 보이는 게 좋아요, 나는 말한다.

볼 게 뭐가 있다고 그러니?

달. 공기. 해돋이.
아침에 얼굴에 내리쬐는 저 모든 빛. 우리를 깨워주는.
나는 깨어나는 걸 좋아한다.

이 시점에서 커튼 논쟁은 삼각주에 다다랐고
이제 세 수로 중 하나를 따라 흘러갈 것이다.
세 수로 중에는 너는밤새푹잘필요가있어 수로가 있고

네아버지만큼이나고집이세구나 수로가 있고
무작위로 진행되는 수로가 있다.
토스트 더 드실래요? 의자를 뒤로 빼면서, 나는 어머니의
    말을 단호히 자른다.

저놈의 여자들! 어머니가 격분한 목소리로 거칠게 말한다.
어머니는 무작위 수로를 택했다.
여자들요?

늘상 강간이 어쩌고저쩌고 불평이지 ─
그녀가 포도잼 옆에 놓인 어제자 신문을
손가락 하나로 사납게 두드려대고 있는 모습이 눈에 들어

58

온다.

신문 1면에는 세계 여성의 날 집회에 대한
작은 기사가 실려 있다.
시어스 여름 카탈로그 본 적 있니?

아뇨.
나 원, 정말 망신스러워서! 무슨 수영복들이 ―
허벅지가 여기까지 파여 있어! (그녀가 손으로 가리킨다)
    그런 일을 당해도 싸지!

시어스 수영복 카탈로그에
하이레그 수영복이 실렸다고
여자들이 강간을 당해도 된다는 말이에요? 엄마Ma, 지금
    진심이에요?

글쎄 누군가의 탓이긴 하니까.
왜 남자들 욕망을 여자들 탓으로 돌려야 하는 거죠? 내
    목소리가 높아진다.
아, 너도 그치들과 한패로구나.

누구랑 한패라고요? 내 목소리가 더 높아진다. 어머니는

그걸 뛰어넘는다.

그런데 작년에 입었던 작은 녹색 원피스 수영복은 어쨌
　　니?

너한테 참 잘 어울렸는데.

어머니는 실은 두려워하고 있는 것이라는 희미한 생각이

불현듯 머릿속을 때린다.

올여름이면 어머니는 여든이 된다.

파란 실내 가운을 걸친 채 굽어 있는 그녀의 작고 모난 어
　　깨는

내게 에밀리 브론테의 작은 쇠황조롱이 히어로[1]를 떠올
　　리게 한다,

샬럿이 옆에 없으면 에밀리가 부엌 식탁에서 베이컨 조각을
　　먹여주던.

그래서 엄마, 우리 오늘 ― 나는 토스터에서 빵이 튀어나
　　오게 한 다음

뜨거운 호밀 흑빵 한 조각을 그녀의 접시 위로 살짝 옮겨

1　에밀리 브론테가 키웠던 쇠황조롱이의 이름은 '히어로'가 아닌, 로마 황제의
이름에서 따온 '네로'였다. 에밀리의 일기에 적힌 'Nero'를 출판인과 편집자 들이
'Hero'로 오독한 까닭에 이런 실수가 빈번히 발생해왔다.

준다 ―

아빠 만나러 가는 거예요? 그녀가 적의를 띤 눈빛으로 부
엌 시계를 쳐다본다.

11시에 출발하면 4시까지는 집에 돌아오려나? 나는 계속
말한다.

그녀는 토스트에 들쭉날쭉 버터를 바르고 있다.

우리 사이에 침묵은 암묵적인 동의를 뜻한다. 나는 택시
를 부르기 위해 전화가 있는 옆방으로 간다.

아버지는 여기서 50마일 정도 떨어진,

장기 요양을 필요로 하는 환자들을 위한 병원에 산다.

그는 일종의 치매를 앓고 있는데

이는 1970년 알로이스 알츠하이머가 최초로 기록한

두 종류의 병리학적 변화를 특징으로 한다.

첫째, 대뇌피질에

주로 변성된 뇌세포로 이루어진

신경반이라는 반점이 나타나는 것.

둘째, 대뇌피질과 해마에 나타나는

신경섬유매듭.

원인이나 치료법은 알려져 있지 않다.

어머니는 지난 5년간

한 주에 한 번씩 택시를 타고 그를 방문해왔다.

결혼은 좋든 나쁘든 어쩔 수 없는 법이라는데, 그녀는 말

　한다,

지금이 나쁜 때로구나.

그리하여 약 한 시간 후 우리는 택시를 타고

텅 빈 시골길을 쏜살같이 달려 시내로 향한다.

4월의 빛은 자명종처럼 선명하다.

시골길을 지나는 동안 내리쬐는 빛은 모든 사물이

각자 그림자를 단 채 공간 속에 존재하고 있다는 감각을

　문득 일깨워준다.

나는 각각의 차이들이 무뎌지고 엉겨붙어버리곤 하는 병

　원 안으로

이 선명함을 가지고 갈 수 있었으면 하고 바란다.

나는 아버지가 미치기 전에 좀더 잘해드릴걸 하고 바란다.

이것이 나의 두 가지 바람이다.

치매 초기 증상은 알아차리기 어렵다.
나는 10년 전쯤 그와
전화로 대화를 나눴던 밤을 기억한다.

겨울의 어느 일요일 밤이었다.
나는 그의 문장들이 두려움으로 가득차오르는 소리를 들
    었다.
그는 한 문장을 시작했다 ― 날씨에 대해, 그러더니 도중
    에 길을 잃고 또다른 문장을 시작했다.
허둥대는 그의 말을 듣고 있자니 몹시 화가 났다 ―

나의 훤칠하고 자랑스러운 아버지, 제2차세계대전 때 비
    행기 조종사navigator였던 아버지가 왜!
나는 무자비해졌다.
단서를 찾느라 몸부림치는 그를

대화의 가장자리에 물러서서 가만히 지켜보기만 하며
아무런 실마리도 주지 않던 내게
그가 자신이 누구와 이야기하고 있는지 모르고 있다는
    깨달음이

느린 눈사태처럼 몰려왔다.

오늘은 훨씬 더 추운 것 같구나……

그의 목소리가 침묵으로 잦아들더니 돌연 멈춰버렸고

그 위로 눈이 내렸다.

흰 눈이 우리 둘을 뒤덮는 동안 긴 침묵이 이어졌다.

시간 그만 뺏어야겠다,

육지라도 발견한 듯 갑자기 극도로 쾌활한 목소리로 그
  가 말했다.

그럼 이만 끊으마,

통화료를 더 나오게 해서는 곤란하지. 그럼 이만 안녕.

안녕.

안녕. 당신은 누구죠?

나는 신호음에 대고 말했다.

병원에서 우리는 긴 분홍색 복도를 지나

큰 창이 달린 문을 비밀번호(5-25-3)를 눌러

통과한 다음

장기 요양 환자들이 있는 서쪽 병동으로 간다.

각 병동에는 이름이 있다.

장기 병동의 경우는 우리의 황금빛 거리Our Golden Mile이다,

어머니는 마지막 한 바퀴The Last Lap로 부르길 더 좋아하긴
　하지만.

다른 결박된 사람들이 다양한 각도로 몸을 기울이고 있
　는 방에서

아버지는 벽에 묶여 있는 의자에 결박된 채 앉아 있다.

아버지 몸이 가장 덜 기울었다, 나는 그가 자랑스럽다.

안녕 아빠 어떻게 지냈어요?

그의 얼굴은 소리를 내며 벌어지고 그것은 활짝 웃는 것
　일 수도 격렬히 화를 내는 것일 수도 있는데

그의 시선이 나를 지나치더니, 그가 허공에 격렬한 말들
　을 줄줄이 내뱉는다.

어머니가 그의 손 위에 손을 올린다.

안녕 여보, 그녀가 말한다. 그가 손을 휙 뺀다. 우리는 앉
　는다.

방안에 햇빛이 가득 고인다.

어머니가 그를 위해 챙겨온

포도, 애로루트[2] 비스킷, 박하사탕을 핸드백에서 꺼내기
　시작한다.

그는 우리 사이의 허공에 있는 누군가를 향해 격렬한 말
　들을 쏟아내고 있다.
그는 자신만이 아는 언어,
으르렁거림과 음절들과 거칠고 갑작스러운 호소로 이루
　어진 언어를 사용한다.

너울대는 말들 위로 이따금씩 몇몇 상투적인 문구들이
　떠오른다 ―
내 그럴 줄 알았지! 라든가 생일 축하해! ―
하지만 3년도 더 전부터 지금 이 순간까지

문장다운 문장은 떠오른 적이 없다.
나는 그의 앞니가 검게 변해가고 있음을 알아차린다.
나는 미친 사람들의 이는 어떻게 닦아주는지 궁금하다.

그는 늘 치아 관리에 크게 신경을 썼다. 어머니가 고개를
　든다.

_____

2　열대 아메리카 원산인 칡의 일종.

그녀와 나는 가끔 하나의 생각을 절반씩 나눠서 한다.
네가 런던에 있던 여름에 해러즈백화점에서 사서 아버지
　한테 보내줬던

도금 이쑤시개 기억하니? 그녀가 묻는다.
그럼요 그게 어디 갔을까나.
분명 화장실 어딘가에 있을 거야.

그녀는 그에게 포도를 한 알씩 주고 있다.
포도알들은 그의 크고 뻣뻣한 손가락들 사이로 계속해서
　굴러떨어지고 있다.
예전에 그는 키가 6피트가 넘고 힘도 센 덩치 큰 남자였
　지만

병원에 온 이후로 그의 육신은 그저 뼈의 집으로 쪼그라
　들어버렸다 ─
양손만 빼고. 손은 계속 자라고 있다.
손 하나가 이제 반 고흐의 그림 속 구두만큼이나 큰데,

그것들은 그의 무릎 위에 놓인 포도알을 향해 육중하게
　움직인다.
하지만 이제 그는 음절들을 급하게 쏟아내며 내 쪽으로

돌아서더니

고음과 함께 입을 닫는다 ― 내 얼굴을 응시하며

그는 기다린다. 저 어리둥절해하는 표정.

비스듬히 기운 한쪽 눈썹.

나는 집 냉장고에 사진 한 장을 테이프로 붙여두었다.

사진 속에서는 그의 제2차세계대전 시절 전우들이 비행

  기 앞에서 포즈를 취하고 있다.

양손은 등뒤로 단단히 붙이고, 두 다리는 넓게 벌린 채

턱은 앞으로 내민 포즈.

폭이 넓은 가죽끈으로 가랑이 사이를 바싹 조인

부푼 비행복 차림이다.

그들은 눈을 찡그린 채 1942년 겨울의 눈부신 태양을 쳐

  다보고 있다.

새벽이다.

그들은 도버³를 떠나 프랑스로 간다.

맨 왼쪽에 있는 아버지는 항공병들 가운데 가장 키가 크고

---

3 영국 동남쪽 끝의 항구도시.

옷깃은 세워져 있으며

한쪽 눈썹은 비스듬히 기울어 있다.

그림자가 없는 빛이 그를 불멸의 존재로,

세상 누가 봐도 다시는 울지 않을 사람처럼 보이게 만들
  어준다.

그는 여전히 내 얼굴을 응시하고 있다.

플랩 다운![4] 나는 운다.

그의 검은 미소가 한 번 확 타오르더니 성냥처럼 꺼져버
  린다.

---

4 비행기 이착륙시 날개 뒤쪽에 달린 플랩(flap)을 내리라는 명령. 플랩을 내려 펼
치면 비행기가 받는 양력이 높아진다.

뜨거운

가파른 하늘 아래로 뜨겁고 푸른 달빛이 비친다.
나는 목매달린 강아지들의 지하실에서 너무 일찍 깨어나
시선을 어둠 속에 담근다.
더듬거리며

천천히
철창이 있던 자리에 의식이 되돌아온다.
꿈의 앙금들과 성난 액체들이

나의 한복판으로 다시 헤엄쳐온다.
이제 나의 밤을 채우는 것은 대개 성난 꿈들이다.
실연 후에는 흔히 있는 일이다 ㅡ

푸르고 검고 붉은 무언가가 분화구를 폭발시킨다.
나는 분노에 관심이 있다.
나는 그 근원을 찾아 기어오른다.

잠들지 않은 채 침대에 누워 있는 한 늙은 여자가 꿈에 나
　　왔다.
그녀는 머리 위에 전선으로 연결되어 매달려 있는 백열
　　전구 장치로 집안을 통제한다.
전선마다 작고 검은 스위치가 달려 있다.

스위치들은 하나둘씩 전구를 켜길 거부한다.
그녀는 밀물처럼 밀려오는 아주 뜨거운 분노를 느끼며
계속 스위치를 켜고 또 켠다.

그러다 그녀는 침대에서 기어나와 덧창 틈으로
집안의 나머지 방들을 들여다본다.
방들은 조용하고 환하게 불이 켜져 있으며

거기 가득 들어찬 거대한 가구들 아래에는 작은 생명체
　　들이
웅크리고 있다―고양이도 쥐도 아닌 그것들은
시간의 무게 아래서

자신들의 좁고 붉은 턱을 핥고 있다.
다시 예뻐지고 싶어, 그녀는 속삭이지만
너무 환한 거대한 방들은 버림받은 원양 여객선처럼

공허하게 똑딱이고, 이제 그녀 뒤의 어둠 속에서
바스락거리는 소리가 들려온다 ―
내 파자마는 흠뻑 젖었다.

분노는 내 안을 지나다니고, 마음에 있는 다른 모든 것들
　　을 옆으로 밀치며
몸의 구멍들을 가득 채운다.
매일 밤 나는 이 분노를 느끼며

젖은 침대,
몸을 움직일 때마다 나를 내동댕이치는 뜨거운 고통의
　　상자에서 깨어난다.
나는 정의를 원해. 쾅.

나는 해명을 원해. 쾅.
나는 영원히 날 사랑한다고 말했던 가짜 친구에게 악담
　　을 퍼붓고 싶어. 쾅.
나는 침대 머리맡의 램프로 손을 뻗어 스위치를 켠다. 밤
　　이 창밖으로

뛰쳐나가더니[1] 황야 너머로 사라져버렸다.

나는 누워서 들려오는 빛의 떨림에 귀를 기울이며
악담에 대해 생각한다.

에밀리 브론테는 악담을 잘했다.
허위, 나쁜 사랑, 그리고 변화로 인한 치명적인 고통은 그
　녀의 시에서 늘 다뤄지는 주제들이다.

　　그래, 그대는 사랑을 내게 되갚아줬어!
　　하지만 만일 저 하늘 위에 **신**이 계시다면,
　　튼튼한 팔과 참된 말을 지닌 **신**이 계시다면,
　　이 지옥은 그대의 영혼까지 비틀고 말 거야!²

악담은 정교하다:

　　가버려, **사기꾼**아, 저리 가버려! 내 손은 땀으로 흥
　　　건하다;
　　내 심장의 피는 축복을 빌기 위해 흐른다―잊기 위
　　　해!
　　오, 이 낙담한 마음이 그 어두운 몰락에 드리워진

1　spring out the window. 원래 '완전히 사라지다'라는 뜻이다.
2　에밀리 브론테, "그대의 태양은 자오선 높이에 가까이 있고,(Thy sun is near meridian height,)"로 시작하는 무제시, 마지막 연 전문.

고통의 십 분의 일이라도 다시 당신에게 되돌려줄
수만 있다면![3]

하지만 그것들이 그녀에게 평화를 가져다주지는 않는다:

헛된 말들, 헛되고 미쳐날뛰는 생각들! 나의 외침을
들어줄 귀는 어디에도 없구나 —
내 광란의 악담은 텅 빈 허공에서 길 잃고 힘없이
스러진다. (…)[4]

내 영혼 속 정복되지 않은 폭군이 여전히 나를 다스
린다 —
인생은 내가 통제할 수 있지만, 사랑은 내 손으로 죽
일 수가 없구나![5]

그녀의 분노는 수수께끼다.
(샬럿의 말에 따르면)
"교회를 갈 때나 언덕으로 산책을 갈 때를 제외하고는"

---

3 에밀리 브론테, "그대의 현관에 불을 밝히라! 날이 저물고 있으니;(Light up thy
hall! 'Tis closing day;)"로 시작하는 무제시, 6연.

4 같은 시, 10연 1~2행.

5 같은 시, 11연 3~4행.

거의 집을 떠나지 않았던,

그리고 "수녀가 가끔

수녀원 정문을 지나는 시골 사람들과 그러는 것"에 비길
  만큼

하워스[6] 주민들과 교류[7]하지 않았던 누군가가

사랑을 향해 그토록 차갑고 영악한 경멸을 퍼붓는 것을
  보는 일은

여러 의문을 불러일으킨다.

에밀리는 어쩌다 인간에 대한 신뢰를 잃고 만 것일까?

그녀는 그들이 사용하는 방언에 감탄했고, 그들의 가계
  도를 연구했지만

"그들과 거의 한마디도 주고받지 않았다".

그녀는 내성적인 성격 때문에 황야에서 만난 사람과 악
  수하길 꺼렸다.

---

6 잉글랜드 북부 웨스트요크셔주에 속한, 브론테 자매가 일생의 대부분을 산 마을.
7 intercourse. '성교'라는 뜻도 있다.

애인의 거짓말 또는 필기체[8] 같은 인간의 신의에 대해, 에
　밀리는 무엇을 알고 있었을까?
그녀의 전기 작가들 중에는

그녀가 핼리팩스에 머물던 6개월 동안
아이를 낳았거나 낙태를 했을 거라고 추측하는 사람도 있
　지만
거기에는 아무런 증거도 없으며,

보다 일반적인 대다수의 견해는, 에밀리가 서른한 해를
　사는 동안 남자에게 손도 대본 적이 없다는 것이다.
진부한 성차별주의는 제쳐둔 채,
나는 『폭풍의 언덕』을

에밀리에게 주어지지 않았던 그 모든 삶에 대한
하나의 두툼한 복수 행위로 읽고 싶은 유혹을 느낀다.
하지만 그녀의 시는 보다 심오한 설명의 실마리를 보여
　준다.

어떤 여자들에게는 분노가 마치 무슨 천직이라도 된다는

8　cursive. '악담(curse)'과 형태와 발음이 비슷한 것을 이용한 말장난이다.

듯이.
으스스한 생각이다.

　마음은 어린 시절부터 죽어 있었다.
　슬퍼해줄 이 없이 육신을 떠나보내리.[9]

갑자기 추워진 나는 아래로 손을 뻗어 담요를 다시 턱 아
　래까지 끌어올린다.
천직으로서의 분노는 나와 무관하다.
나는 내 근원을 안다.

애인이 들어와서 난 널 더이상 사랑하지 않는다고 말하는
　순간은
너무나도 충격적이며 세상에 둘도 없는 순간이다.
나는 에밀리의 차갑고 어린 영혼을 생각하면서

램프 스위치를 끄고 반듯이 눕는다.
불신은 어디서 시작되는 걸까?
젊었을 때 내게는

9　에밀리 브론테, 「성의 숲에서(At Castle Wood)」, 6연 3~4행.

어느 정도 확신이라는 게 있었다.

그래 나는 내 손이 두 개라는 걸 알아, 라고 말할 수 있었다.

그러던 어느 날, 잠에서 깨어나보니 나는 종종 손이 사라져버리곤 하는 사람들이 사는 별에 있었다 ─

옆방에서 어머니가 뒤척이고 한숨짓다 다시 잠의 문지방 아래로

가라앉는 소리가 들려온다.

창밖으로 보이는, 점점 희미해져가는 하늘의 기슭에 낮게 뜬 저 달은 그저 은빛 연골조각일 뿐이다.

　　이곳에 머무르는 우리 손님들은 음울해요, 나는 속
　　　삭였다, 지하 감옥 사이를
　　가만히 응시하며 (……)[10]

10　에밀리 브론테,「환영(The Visionary)」, 5연 1~2행 중 후략.

그대

내게 남겨진 질문은 그녀의 외로움에 대한 것이다.
그리고 나는 그 질문을 미뤄두고 싶다.
아침이다.

깜짝 놀란 빛이 황야를 북쪽에서 동쪽까지 씻어내리고
  있다.
나는 빛 속으로 걸어들어가고 있다.
외로움을 유예하는 한 방법은 신을 개입시키는 것이다.

이러한 층위에서 에밀리는 그녀가 그대라고 부르는 누군
  가와 관계를 맺었다.
그녀는 그대를 자신처럼 밤새 깨어 있고
기이한 힘으로 가득한 누군가로 묘사한다.

그대는 밤바람 속에 들려오는 목소리로 에밀리에게 구애
  한다.
그대와 에밀리는 가까운 곳과 먼 곳에서 한시에 놀며

어둠 속에서 서로 영향을 끼친다.

그녀는 "우리가 하나임을 입증한"[1] 감미로움에 대해 이
　야기한다.
나는 여성의 종교적 경험을 보상 모델로 해석하는 것이
　편치는 않지만, 그럼에도
끔찍한 섹스라는 대가를 치르지 않고도

밤에 잡담을 나눌 친구를 가질 수 있다는 게 멋진 일이라
　는 데는
의심의 여지가 없다.
물론 유치한 생각이다, 그건 나도 안다.

인정하건대, 내가 받은 교육은 결함투성이였다.
남성-여성 관계의 기본 규칙은
우리 가족 사이에 공기처럼 주입되었으며,

직설적인 발언은 허용되지 않았다.
자동차 뒷좌석에 앉아 있던 어느 일요일이 기억난다.
앞좌석에는 아버지가 앉아 있었다.

1　에밀리 브론테, 「별(Stars)」, 4연 4행 일부.

우리는 차고 앞 진입로에서 어머니를 기다리고 있었고,
어머니는 노란 샤넬 정장과 검은 하이힐 차림으로
집 모퉁이를 돌아오더니

조수석에 올라탔다.
아버지는 그녀를 힐끗 쳐다봤다.
(열한 살이던) 내가 듣기엔 이상한 목소리로

그가 말했다, 오늘은 다리를 꽤 많이 드러내셨네요 어
    머님.
나는 어머니가 뭐라고 대답할지 기다리며 그녀의 뒤통수
    를 쳐다봤다.
그녀의 대답이 이 상황을 정리해줄 것이었다.

하지만 그녀는 그저 밧줄이 둘둘 감긴 듯한 이상한 웃음
    소리를 냈을 뿐이다.
그해 늦은여름, 나는 이 웃음을
위층으로 올라가며 엿들었던 또다른 웃음과 하나로 합
    쳤다.

그녀는 부엌에서 전화통화를 하고 있었다.

글쎄 여자는 뺨에 해주는 키스 정도로도 행복해할
때가 많지만 **너도 남자란 것들이 어떤지 알잖니,**

라고 그녀는 말하고 있었다. 웃음소리.
밧줄이 감겨 있는 대신 가시가 돋아 있는.
나는 땅이 낮은 늪지로 꺼져 있는

황야의 한가운데에 이르렀다.
늪지의 물은 꽁꽁 얼어 있다.
얼음 아래

금빛 물풀더미들이
메시지처럼 아로새겨져 있다.

　　나 그대에게 가리, 그대 가장 슬플 때,
　　어두워진 방에 그대 혼자 누워 있을 때;
　　광기 어린 날의 환희 사라지고
　　기쁨의 미소 추방됐을 때,

　　나 그대에게 가리, 마음의 진실한 감정이
　　전적이고 편견 없는 지배력 얻었을 때,
　　그대에게 슬쩍 내 영향력 발휘돼

슬픔은 깊어지고, 기쁨은 엉겨붙어

나 그대의 영혼을 차지할 때.

들으라! 때는 바야흐로

그대에게 끔찍한 시간:

정녕 그대는 그대 영혼에 홍수같이 밀려드는

기이한 감각의 넘실거림,

더욱더 가혹한 힘의 선구자,

내가 보낸 전령들을 느끼지 못하겠는가?[2]

그대와 에밀리 사이에 오가는 메시지는

해독하기가 매우 어렵다.

이 시에서 그녀는 둘의 역할을 뒤바꿔

희생자로서 말하는 게 아니라 희생자에게 말하고 있다.

지배당하길 기다리며 어둠 속에 홀로 누워 있는 그대에

　　게로

그대가 옮겨가는 것을 보는 것은 으스스한 일이다.

한 목소리 안에서 이루어지는 지배자와 희생자 사이의

---

[2] 에밀리 브론테, 무제시.

이 음울하고 느린 결탁이
시인이 겪고 있는 더없이 지독한 외로움의 시기에 대한
이론적 설명이 된다는 것을 깨닫는 건

충격적인 일이다.
그녀가 그대와 그대의 역할을 뒤바꾼 것은
힘을 과시하기 위해서가 아니라

자신에게서 억지로 동정심을 끄집어내
유리 안에 갇혀 있는 이 영혼,
그녀의 참된 창조물에게 베풀어주기 위해서다.

홀로 누워 있던 그 밤들은
오늘 이 차갑고 광적인 새벽과 따로 떨어져 있지 않다.
그것은 바로 나다.

그것은 천직으로서의 분노인가?
왜 침묵을
그리스도의 현존으로 해석하는가?

왜 이 문간에 입맞추기 위해 몸을 구부리는가?
왜 부풀어오른 내 영혼을 발산할 거대한 누군가를 상상하

느라

자제력을 잃고 납작하게 눌려 여위어가는가?

에밀리는 『시편』 130편을 좋아했다.

"그들이 아침을 기다리기보다watch for

그들이 아침을 기다리기보다 내 영혼이 그대를 더 기다

리옵니다."

보는watching 행위가 그녀에게 피난처를 제공해주었다고,

그대와의 결탁이 그녀의 분노와 욕망을 잠재워주었다고

나는 믿고 싶다:

"그대 안에서 그들은 가시덤불의 불처럼 꺼집니다"[3]라고

『시편』의 저자는 말한다.

하지만 개인적으로 나는 이 말을 믿지 않는다, 나는 꺼지

지 않았다 ―

그대가 있든 그대가 없든 나는 피난처를 찾지 못한다.

나는 곧 나 자신의 누드다.

그리고 누드들은 고된 성적 운명을 지니고 있다.

---

3 『시편』 118편 12절 중에서.

소녀에서 여자로, 여자에서 지금의 나로,
사랑에서 분노로, 분노에서 이 차가운 골수로,

불에서 피난처로, 피난처에서 다시 불로 이어지는 이 운
　명의 덜커덕대는 흐름 속에서
나는 이 운명이 스스로를 드러내는 것을 보았다.
그대를 믿는 것의 반대는 무엇인가—

단지 그대를 믿지 않는 것인가? 아니. 그건 너무 단순하다.
그것은 오해를 불러올 것이다.
나는 좀더 명확히 말하고 싶다.

어쩌면 누드들이 가장 좋은 방법일지 모른다.
누드 #5. 카드 한 벌.
각각의 카드는 사람의 살로 만들어져 있다.

살아 있는 카드들은 한 여자의 일생의 하루하루들이다.
나는 거대한 은빛 바늘이 번쩍이며 날아와 카드 한 벌을
　끝에서 끝까지 통째로 꿰뚫는 것을 본다.
누드 #6. 기억이 나질 않는다.

누드 #7. 하얀 방,

평평하지도 휘어지지도 각지지도 않았고
달의 내장을 이루는 살처럼

부드럽게 쭉 이어진 하얀 막으로 된 벽으로 둘러싸인.
그것의 표면은 살아 있으며, 거의 축축하다.
광휘가 숨을 들이마셨다 내쉰다.

무지개들이 그곳을 가로지르며 몸서리를 친다.
그리고 방의 벽들 둘레에서 속삭이는 목소리가 들려온다,
정말 조심해야 해. 정말 조심해야 해.

누드 #8. 검은 원반,
모든 바람이 일으키는 불들이 연달아 매달려 있는.
원반 위에는 한 여자가 서 있다,

그녀를 뚫고 치솟아 흐르며 진동하는
길고 노란 실크 불길의 바람 속에.
누드 #9. 투명한 비옥토.

비옥토 아래로는 한 여자가 길고 깊은 도랑을 파놓았다.
그녀는 도랑 안에 작고 하얀 형상들을 놓아두고 있는데,
　그게 뭔지는 나도 모른다.

누드 #10. 세상의 초록빛 가시,

땅에 등을 붙이고 누운
여자의 심장을 뚫고 산 채로 삐져나온.
가시는 그녀의 위쪽 허공을 향해

초록빛 피를 뿜어내고 있다.
그 전부를 그것은 가졌다, 목소리는 말한다.
누드 #11. 우주 공간의 바위 턱.

우주는 검푸르고, 꽁꽁 언 물처럼 윤이 나며,
그것의 압력에 의해 무無에 꽂힌 채 서 있는
그 여자를 지나며 비명을 내지르면서

사방으로 아주 빠르게 움직인다.
그녀는 나아갈 길을 찾아 주변을 응시하고 힐끗거리며
  손을 들어올리려 해보지만 그럴 수 없다.
누드 #12. 바람 속의 오래된 막대기.

차가운 기류가 그 위로 흘러와
막대기에 붙어 있는
찢어진 리본조각들을 잡아당기며

다 해진 채 수평으로 길게 뻗은

검은 선들을 긋고 있다.

나는 그것들이 어떻게 거기 붙어 있는지 알지 못한다 ―

V자형 홈으로? 스테이플러로? 못으로? 갑자기 바람의 방
　향이 바뀌고

모든 검은 조각들이 공중을 향해 똑바로 솟구쳐

서로 매듭을 짓는가 싶더니

다시 풀려서 공중에 부유하며 내려온다.

바람은 사라졌다.

그것은 기다린다.

겨울이 반쯤 지나갔던 이때쯤,

나는 내 영적 멜로드라마에 완전히 매료되어 있었다.

그러다 그게 멈췄다.

하루하루가 지나고 몇 달이 지났지만, 나는 아무것도 보
　지 못했다.

커튼이 쳐져 있지 않은 아침,

나는 내 신경을 가죽이 벗겨진 무언가처럼 허공에 열어놓

은 채

소파 앞 양탄자에 앉아 계속해서 응시하고 힐끗거렸다.[4]
나는 아무것도 보지 못했다.
창밖으로 봄의 폭풍들이 왔다 갔다.

4월의 눈은 커다랗고 새하얀 앞발을 문과 현관 위에 가지
    런히 포개놓았다.
눈덩이가 지붕 위에서 미끄러지고 부서져
떨어져내리는 것을 보면서 나는 생각했다,

어쩜 저렇게 느리담! 그것이 소리 없이 미끄러지는 것을
    보면서,
하지만 여전히 ─ 아무것도 없었다. 누드는 없었다.
그대도 없었다.

내 방 발코니 난간에 거대한 고드름이 하나 열렸기에
창가로 가까이 다가간 다음, 어떤 내면의 환영을 보고 있
    는 거라고 나 자신을 속여넘길 수 있기를 바라는 마음

---

4 이후 『유리와 신(Glass and God)』에 재수록될 때 이 행은 다음과 같이 변경된다.
"나의 영적 멜로드라마에 완전히 매료된 상태를 계속 이어나갔다."

으로
고드름을 투시해보려 애를 써봤지만

내가 본 것은
길 건너 방 안에서 침대를 정리하며 소리 내어 웃고 있는
남자와 여자뿐이었다.

나는 보는 것을 멈췄다.
나는 누드를 잊었다.
나는 내 삶을 살았다,

스위치를 눌러 끈 TV 같은 삶을.
무언가가 나를 관통하며 빠져나갔고 나는 그것을 가질
　수 없었다.
"이제 지독한 서리와 살을 에는 듯한 바람에 몸을 떨지
　않아도 된다.

에밀리는 그것을 느끼지 못한다"
라고 샬럿은 여동생을 묻고 난 다음날 썼다.
에밀리는 자유의 몸이 되었다.

영혼은 그럴 수 있다.

그것이 그대에게로 간 다음 현관에 앉아

농담과 키스와 아름답고 쌀쌀한 봄의 저녁들을 영영 즐
　　기고 있을지

그건 당신과 내가 절대 알 수 없다. 하지만 내가 본 것은
　　당신에게 말해줄 수 있다.

누드 #13은 내가 그것을 전혀 기다리고 있지 않을 때 찾
　　아왔다.

그것은 밤에 왔다.

누드 #1과 매우 비슷했다.

그러면서도 완전히 달랐다.

나는 높은 언덕과 그 위에서 거센 바람을 맞으며 빚어진
　　하나의 형상을 봤다.

그것은 그냥 낡은 천조각이 붙어 있는 막대기였을 수도 있
　　지만

점점 더 가까이 다가가며 보니

그것은 사람의 몸이었고

바람에 맞서 몸을 지탱하기 위해 끔찍하리만치 애를 쓰
　　느라 살이 뼈에서 모두 떨어져 날려가고 있었다.

고통은 전혀 없었다.

바람은

뼈를 씻어내고 있었다.

뼈는 은빛으로 빛나며 어쩔 수 없이 눈에 띄었다.

그것은 내 몸이 아니요, 한 여자의 몸도 아니었으니, 그것
   은 우리 모두의 몸이었다.

그것은 빛 밖으로 걸어나갔다.

신에 관한 진실

나의 종교

나의 종교는 말도 안 되고
내게 도움이 되지도 않는다,
그렇기에 나는 그것을 따른다.

그게 그리
간단한 문제였을 수도 있다는 걸 알게 된다면
우리는 스스로를 매질할 것이다.

나는 신을 찾는
세상 모든 사람들이
한 방에 모여 있는 환영을 보았는데

그들은 다들 방의 칸막이
한쪽 편에
모여 있었고

그 칸막이는

다른 편(신의 편)

에서 보면

투명하지만

우리는 눈멀어 그것을 알지 못한다.

우리의 제스처는 눈이 멀었다.

우리의 눈먼 제스처는

칸막이 다른 편 어딘가에서

마침내 우리가

다시 그것을 바라보고 있을 때까지

한동안 계속된다.

너무 늦어버렸다.

우리는 우리의 눈먼 제스처가

신이 정말로 원했던

(어떤 간단한) 것을

얼마나 더듬대며

얼마나 경계하며

얼마나 나쁘게

패러디했는지를 본다.

그것(이 간단한 것)

에 대한 생각은

방안에 풀린 채

밖으로 나가고자

사방을 난타하는

하나의 생물과도 같다.

그것은 자신의 라이플총 개머리판으로

내 영혼을 난타한다.

신의 발작

때로 신은 당신에게 발작을 선사한다.
당신을 침대 위에서 울부짖도록 내버려둔다.
너무 나쁘게 생각진 마시길.

신의 외벽은 유리로 되어 있으니까.
방치된 채 불타오르고 있는 신에게서 빠져나가기 위해
안쪽 벽을 기어오르고 있는 백만 개의 영혼을

나는 본다.

신의 일격

신은 가슴에 난 웅장한 상처다.

인간이 나아가는 길 위에서 아마 그는,

예언자가 말했듯,

지체할 것이다.

신에 의해

왜인지는 모르겠지만 나는 가끔 밤에
잠에서 깨어나 전치사에 대해 생각한다.
어쩌면 그것이 실마리일지도.

"인간에 의해by 죽음이 왔으므로came."[1]
나는 인간이 죽음의 행위 주체라는 말에 당혹감을 느낀다.
어쩌면 그것은

인간이 도로경계석에 서 있었고
죽음이 잠깐 들렀었다came by는 뜻인지도 모른다.
한때 나는 누구와도 잘 어울리는

개를 길렀었다.
어쩌면 녀석은 최초의 만남에

---

[1] 『고린도전서』 15장 21절 중에서. 보통 "죽음이 한 인간을 통하여 왔으므로"로 번
역된다.

조금씩 조금씩 더 귀를 기울이고 있었는지도 모른다.

방향을 돌리다

내게는 고통으로 시뻘겋게 달아오른 친구가 있다.
그는 빛을 땀구멍을 통과하는 세찬 비처럼 느낀다.
우리는 자문을 하기 위해 함께 이삭[1]에게 갔다.

이삭이 말하길, 내가 들은 이야기를 네게 들려주마.
빛이 유출된 것은
아담에게서였지.

그의 이마에서 나온 빛으로부터 세상 모든 이름이 만들
    어졌다네.
그의 귀, 코, 목구멍에서 나온 빛으로부터
누구도 정의 내리지 못했던 기능이 생겨났지.

그의 눈에서 나온 빛으로부터 ― 그런데 잠깐 ―
이삭은 기다린다.

---

1 구약성경의 등장인물. 아브라함의 아들이자 야곱의 아버지이다.

이론상

눈에서 나온 빛은 아담의 배꼽에서 나왔어야 했어.

하지만 빛 안에서 들숨이

일어났고

그것은 경로를 변경했지.

그리고 그것은 분화되었다네.

그리고 그것은 머릿속에 갇혀버렸어.

그리고 이 분화된 빛으로부터

네게 고통을 주는 것이

온 세계에 걸친 사명을 띠고 나온 것이야(이 대목에서 친

　구는 울기 시작한다).

애통해하는 자는 너뿐만이 아님을 알지니.

이삭은 꼬리를 휙휙 흔들어댔다.

세상의 모든 계급은

빛의 끔찍한 압력에 의해

(적어도 한 단계는)

아래로 내려오게 되었어.

제자리를 지킨 것은 아무것도 없었다네.
붙들리지 않은 것도 아무것도 없었는데
파편들과 뿌리들과 물질 가운데

웬일인지 아담의 눈에서
길러져 나온
어떤 빛만은 예외였지.

이삭은 으르렁거림을 멈췄다.
그리고 이제 뱀처럼 꾸벅꾸벅 졸고 있던 내 친구는
검푸른 음절더미 뒤로 푹 주저앉아버렸다.

신의 이름

신에게는 이름이 없었다.
이삭에게는 두 개의 이름이 있었다.
이삭은 눈먼 자라고도 불렸다.

마음의 어두운 하늘 속에서
이삭은 가장자리에 나무가 심어진 시골길을 이동해가는
신의 소리를 들을 수 있었다.

나무가 신에게 반사된 방식을 통해
이삭은 어느 것이 똑바로 길게 뻗은 나무인지,
혹은 언제 그것들이 몸이 머리를 짊어지듯

가지를 짊어지게 되었는지,
혹은 왜 어떤 나무들은 덤불 속에서 땅을 향해 낮게 웅크
　리는지를 알았다.
신이 우주 사이로 이동해가는 소리를 듣고 있자니

이삭은 의문이 생겼다.

나는 당신에게 그가 생각해낸 답을 말해줄 수 있지만

그게 도움이 되진 않을 것이다.

이름은 명사가 아니다.

그것은 부사다.

베토벤이 자신과 대화를 나누길 바랐던 사람들을 위해

외투 주머니에 넣고 다녔던

작고 검은 공책처럼,

신이라는 부사는

당신이 있는 모든 곳으로 가는 일방통행로이다.

당신에게 그것이 무엇인지 말해봐야 헛일이다.

그냥 그걸 곱씹어서 문질러 발라라.

신의 이름

"통증이 나를 사로잡았네 오 가혹한 다이몬[1]이여"

테레사는 자신만의 검은 입방체 속에 살았다.
나는 그녀가 어디로 움직이든 벽에 몸을 부딪히는 것을
　보았다.
그녀는 본인 스스로가

찢어졌다고 말한 자신의 심장을,
그리고 계속해서 부러지고 또 부러진
자신의 코를 저주했다.

어떤 사람들은, 신이 불타는 동물로 빼곡히 줄 세워둔
그들 인생의 매 순간 싸움을 해야 한다 ―
내 생각에 그건

1　daimon. 그리스어로 '신성한 힘'을 뜻하며, 그리스 신 이외에 인간들에게 영향을
미치는 '인간과 신 사이의 중재적 존재'를 가리키기도 한다.

신이 그 동물을 살려두길 원하기 때문이다.
테레사는 자신의 코로
신의 이 계획에 이의를 제기했다.

신은 그녀의 심장에 자신의 답을 전했다.
그녀가 죽은 후 치러진 부검으로
심장이 정말 찢어발겨져 있음이 밝혀졌다.

렌즈가 계속 녹아내렸으므로
그 사건을 기록한 사진은
(붉은 실과 낡은 황금 장갑으로) 조작되어야만 했다.

폭력을 통해 찾아오는 은총

당신은 지금 살고 있는
무덤 밖으로 황급히 빠져나오며
울부짖고 또 깊은 상처를 입기는 하지만

당신의 이야기는 (유감스럽게도) 그들이 들려주는 이야
  기와는 다르다.
신은 어떤 이들에게 강제력을 행사한다.
신의 예언자가 온 것은

당신의 불순한 영혼을
미친 듯이 날뛰는 돼지들의 몸속으로 들여보내기 위해서
  이다.
나는

연민의 절벽 밑에서
돼지 피를 뒤집어쓴 채 뛰어내리고 있는 당신을 봤다 ─
이제는 '정화된' 당신을.

신의 여자

당신, 자연한테 화났어? 신이 그의 여자에게 말했다.
그래 나 자연한테 화났어 나는 자연이 당신의 분홍빛 몽
　둥이로
내 다리 사이에 쑤셔넣어지는 것도,

당신이 버클을 핥아달라고 할 때마다
무슨 지형지물인 양 바깥으로 퍼내지는 것도 마음에 안
　들어.
창조라니 대체 무슨 뜻인 거야?

신은 그녀의 주위를 돌았다.
불길. 시간. 불길.
선택해, 신이 말했다.

뻣뻣한 신

신은 여자의 언어에 의성어적 특징을 부여했다.
이 영원히 서투른 소리는
뼈로 만든 신발 속에 집어넣는 두 발처럼

그 소리가 뜻하는 실제 단어 속으로 영원히
서투르게 들어간다.
'treachery'는 꼭 그의 지퍼가 내려가는 소리처럼 들린다
　(고 그녀는 알아차린다).[1]

1　'배신'을 뜻하는 'treachery'의 발음 ['tretʃəɹi]가 치음 't'과 구개음 'tʃ' 때문에 지퍼
내리는 소리처럼 들린다고 하는 것이다.

신에게 사랑받는 독실한 자들

혼돈이 우리에게 그늘을 드리운다.

무방비의 슬픔이 우리를 덮친다.

우리는 쓰라린 빛에 목이 졸린다.

우리의 뼈는 막대기처럼 흔들린다.

우리는 딱 부러진다.

우리는 더듬는다.

우리는 헐떡이며 말라간다.

우리의 혀는 검다.

한나절은 영원하다.

밤은 영원하다.

우리의 피부는 따끔거리고, 거기에는 금이 간다.

우리의 방은 우리와 함께 노는 고양이다.

우리의 희망은 올가미다.

우리는 이빨로 우리의 살점을 문다.

가을이 우리를 들판 위로 왕겨처럼 날려버린다.

우리는 체로 걸러져 아래로 떨어진다.

우리는 허공에 걸려 있다.

우리는 바다 위에서 산산조각난다.

우리는 어둠 위에서 문대어진다.

우리는 길게 베어지고 고갈된다.

미물들이 우리를 마신다.

우리는 매장되지 않은 채 눕혀진다.

우리는 먼지다.

우리는 아무것도 모른다.

우리는 대답할 수 없다.

우리는 더이상 말하지 않을 것이다.

하지만 우리는 멈추지 않을 것이다.

우리는 사랑받는 자들이므로.

우리는 이것을 그의 사랑으로 부르라는 명을 받았다.

신의 불멸하는 사랑의 꽃다발

4월의 눈.

신은 정원에서 기다리고 있다.

천천히slow 발그레해지는 얼굴처럼,

눈snow이 이동해 신 위에 내려앉는다.

신의 꽃다발 위에.

나무들은 새하얀 신경망이다.

신의 어머니

그가 스스로를 사람의 아들이라 칭하며
세상을 돌아다니는 모습을 한쪽 눈으로 지켜보는 그녀는
공식적인 전기에서 많은 이야기를 하지 못한다 ―

저들은 포도주가 다 떨어진 것 같구나, 따위의
현실적인 말들뿐.
박물학자들은 우리에게 말한다,

부화한 까마귀를 먹이는 것은 수컷이지만
날게 하는 것은 어머니라고.

사랑	낢	사람
사랑한다	난다	사람을 배치한다
사랑했다	날았다	사람을 배치했다
사랑하는	나는	사람을 배치하는
사랑한	날아간	여자[1]

---

1   위에 '사람'으로 쓰인 단어들은 모두 'man'에서 파생된 것이고(man/mans/

그것은 문법학자들이 시제와 상相의 차이라고 부르는 것
이다.

---

manned/manning), 이 대목에서 'woman'으로 변형된다.

신의 정의

태초에 다양한 과업을 위해 따로 떼어둔 날들이 있었다.
정의正義를 창조하려던 날,
신은 어쩌다 잠자리를 만드는 일에 빠져버렸고

시간 가는 줄 모르게 되었다.
그것은 2인치 정도의 길이였고
로런 버콜처럼 등 아래까지 청록색 둥근 점들이 찍혀 있
   었다.[1]

신은 그것이 철사 같은 팔꿈치를 구부려
투명한 제 머리통을 닦기 시작하는 것을 지켜보았다.
그것이 머리통 구석구석을 광이 나도록 닦는 동안

머리통에 끼워진 안구들은

---

[1] 1940~50년대 활동했던 미국의 모델 겸 배우 로런 버콜은 물방울무늬 옷을 즐겨
입었다.

이리저리 회전했다.
시내 은행 창구의 검은 유리 같은

머리통 안쪽으로
신은 기계 장치가 진동하는 것을 볼 수 있었고
그는 그 진동이 윙윙거리는 소리와 함께

청록색 둥근 점들을 지나 꼬리 끝까지 쭉 이어지더니
빛처럼 공중에 흩어지는 것을 지켜보았다.
검은 날개가 안팎으로 떨려댔다.

늑대 신

그림처럼 우리는 지워질 것이며, 계속 남을 수 있는 자는
아무도 없다.
나는 늑대로서의 내 삶이 길 따라 성큼성큼 뛰어가고 있
는 걸 보았고
그곳에 있던 여자들에게 질문을 던졌다.

어떤 이들은 늑대를 불멸의 존재로 여기죠, 그들은 말
했다.
이제 당신은 이 일이 있었던 건 단 한 번뿐이었으며
늑대들은 다양한 원인으로 꼬박꼬박 죽어나간다는 것을
안다 —

곰에게 죽임을 당하고, 호랑이에게 사냥을 당하고,
간질을 앓고,
목구멍에 비스듬히 연어 뼈가 박히고,

그들은 죽을 때까지 뛰어다니는데[1] 그 이유는 아무도 모

르고—

하지만 아마도 당신은

그들의 청력 문제에 대해서는 들어본 적이 없을 것이다.

그들은 귀가 매우 밝아

머리 위로 지나가는 구름의 소리까지 듣는다.

그리고 가끔

바람에 날려온 씨앗 하나가 귓구멍에 심어져

균형감각을 무너뜨리는 일이 일어나곤 한다.

그들은 똑바로 서려고 애써보지만

어느 것과도 연결되지 못한 채 미쳐버린다.

화병으로 죽는다.

우리가 아는 한 오직 한 마리의 늑대만이 그것과 함께 살

　아가는 법을 배웠다.

처음에 그는 작은 걸음부터 내딛었다.

상승기류를 이용해서.

그들은 그를 후이즈콜Huizkol이라 불렀는데,

1　run oneself to death. '죽도록 일하다'라는 뜻도 있다.

그것은

봄에 얼굴이 좋아 보인다라는 뜻이다.

어려운 일도 다 하기 나름이다.

신의 그리스도론

신은 감정이 없었지만

인간의 마음속에 들어가길 일시적으로 바랐다,

마치 그가 그랬던 것처럼: 그리스도.

열망passion 때문이 아니라 연민compassion 때문에.

   Com — 이는 '함께'를 뜻한다.

그건 어떤 종류의 함께함이었을까?

번역하라.

나에게는 헤수스Jesus라는 이름의

멕시코 친구가 있다.

그의 아버지와 할아버지 또한 헤수스라고 불린다.

그들은 구원에 관한 질문을 던지는 나를 바보 취급한다.

그들은 로스앤젤레스로 가기 위해 저축을 하고 있다고 말

   한다.[1]

신의 음료 목록

바람 부는 어느 11월의 밤이었다.

낙엽들이 창문을 빠르게 스쳐갔다.

신에게는 **원할 때마다** 펼쳐보는 생명의 책이 있었고

문 쪽에서 바람이 불어오고 있었기에

신은 한쪽 손으로 책장을 누르고 있었다.

나는 그들의 육신을 거름체와 같이 만들었나니

신은 책장 맨 위에 이렇게 쓰고는

순서대로 목록을 작성했다:

고마움

기억

노래

눈물

술

시간

정액

피.[1]

1 원문에는 알파벳순으로 된 목록(Alcohol, Blood, Gratitude, Memory, Semen, Song, Tears, Time)을 가나다순으로 옮겼다.

신의 일

부엌에 드는 달빛은 신의 표식이다.
당신 자신의 배꼽으로부터 당신을 뽑아내는
검은 흡입관 같은 슬픔, 또 불교도들이

'무심無心'이라고 부르는 것은 신의 표식이다.
인간의 대화와 나란히 이어지는,
채찍질 같은 막다른 골목들은 신의 표식이다.

신 스스로의 평온함은 신의 표식이다.
감자나 돌의 놀랍도록 차가운 냄새.
침묵의 견고한 조각들.

이 다양한 표식들로부터 당신은
할일이 얼마나 남아 있는지를 알 수 있다.
슬픔은 걷어버려라, 그것은 할일을 가리고 있는 덮개다.

TV 인간

TV 인간: 헥토르

I

TV는 무정하다, 레닌처럼.

TV는 합리적이다, 잔디 깎기처럼.

TV는 문제가 있다, 종종, 걱정거리다.

TV는 추하다, 미래처럼.

TV는 전형적인 예다.

헥토르의 가족 구성원들은 자신들이 흥미로운exciting 행위
　에 참여하게 되었음을,

또한 자신들이 TV를 통해 유행하기 시작한 들뜬excited 언
　어를 사용하고 있음을 알았다.

무엇의 전형적인 예인가.

잔인한 본성의 전형적인 예.

II

헥토르는 TV 속 등장인물이 아니라 트로이의 왕자가 될
  운명으로 태어났고
따라서 성공이 보장되어 있었다.
TV에 어울리는 건 문제가 있는 사람들이다, 그들은 누가
  봐도 딱
분열된 영혼이고

우리 모두는 거기서 오는 파토스를 즐긴다.
우리 함께 헥토르의
데스밸리[1] 촬영 전날 밤 속으로 들어가보도록 하자.
헥토르는 갑옷을 걸친 채

모텔 침대에 누워 머리 위 높은 곳에 비친 자신과 자신의
  붉은 입술을
쳐다보고 있다.
천장에는 신성한 불이 반사되고 있다.
나의 내장[2]은 당신들의 법에

---

1 미국 캘리포니아주와 네바다주의 경계에 걸쳐 있는 사막 분지로서 국립공원으
로 지정되어 있다.

2 entrails. '내면'의 뜻도 있다.

붙들려 있구나, 그는 중얼거린다. 그의 립스틱이 거꾸로
   뒤집힌 채
그를 향해 싱긋 웃는다.
창밖을 바라보는 그의 시야에 지평선 끝에서 끝까지 펼
   쳐진 갈색의 낮은
산들이 들어온다.

그것들은 쉭쉭거리는 소리를 낸다. 오 트로이의 왕자여!
버터와 꿀을
그대는 먹게 될 것이고, 그리하여 악을 거부하고
선을 따르는 법을 알게 될 것이다.

TV는 선천적으로 냉소적이다. 그것은 눈을 향해 말하지
   만, 마음에는 눈이 없다.

III

헥토르라는 이름은 '지탱하다to hold'라는 옛 동사에서 유
   래한 것이다.
지탱하라hold.

기다려라hold on.

버텨라hold out.

견뎌라hold up.

미루어라hold off.

억눌러라hold in.

뭉쳐라hold together.

헥토르라는 이름은

해안에 모여 —

최초의 살해로부터 트로이가 완전히 파괴되던 그날까

　지 —

고작

10년을 견뎠던

일시적 구성체들(그리스 연합군)의

안티테제이다.

불어오는 가녀린 겨울바람에 고개를 숙인 채

헥토르가 데스밸리 위를 천천히 거닐며

자신의 대사를 반복한다.

나는 용감해지는 법을 배웠노라.

빛이 만들어놓은 구멍이 사방으로 물러난다.

TV는 둔탁하다, 우리 모두 안에 존재하는 자아의 덩어리처럼.

IV

동틀녘의 사막은 소금 알갱이 하나하나가 모두 빛난다.

데스밸리 촬영 이틀째.

헥토르는 빛이 만들어놓은 구멍 안에 홀로 있다.

그의 등허리에 테이프로 고정된 워키토키는 썰어놓은 고

　깃덩이처럼 차갑다.

그것은 산 생명처럼 치직 소리를 내고 감독의 목소리는

벌처럼 척추를 타고 기어올라온다.

다들 위치로! 헬리콥터 도착 오 분 전!

헥토르는 모래 가까이 쪼그려앉는다.

거세된 듯 무력한 겨울 해가

사각지대에 있는 그에게 얼룩을 드리운다. 금crack들이 드

　러난다. 그리고 침묵 —

바위 아래 아주

깊은 곳에서 시작되어 그에게 그 울림이

들려올 정도의 침묵. 인간은 노예이고 음울한 존재다.
새벽에 낮은 덤불에 묻은 소금을 핥아먹을 만큼
어리석은 자가 누가 있을까.

TV는 시끄럽다, 그럼에도 우리는 깨어나지 않는다.

V

TV는 아무것도 낭비하지 않는다, 아내처럼.

헥토르가 밖에서 전쟁을 치르는 동안, 그의 아내는
살인에 진저리를 치며 돌아올 남편을 위해 불을 피워 목
　욕물을 데웠다.
그날 밤 늦게

그들은 그가 죽었다는 소식을 가져왔다. 그녀는 목욕물
　을 치우고
그 불을 이용해 그의 옷을 모두 태운다.
이것들은 당신에게 아무 소용이 없고

당신이 이것들을 입을 일도 없을 테니까, 그녀는 말한다.

　줄자를 든 남자들이

헥토르의 어두워져가는 젖꼭지와

카메라의 눈 사이의

거리를 재던, 아크등 밝혀진 전장을

난간 너머로 내다보면서.

그녀는 무릎 꿇은 남자들을 봤다.

VI

헬리콥터에서 내려다보는 데스밸리는 내장 같다.

구불구불 휘어진 금색과 회색의 거대한 금crack들이 그곳

　을 가로지르며 끝없이 돌진해온다 ―

뛰어요 헥토르!

굉음과 함께 머리 위를 지나는

헬리콥터의 하강기류가 헥토르를 땅바닥에 납작

엎드리게 만들 때

워키토키에서 들려오는 감독의 거친 목소리. 사방을 둘

러쌴 벽 안의 구렁텅이에 빠진 동물은
주파수를 잡는 데 실패하기 마련이다.
트로이에게 헥토르는

식량의 원천, 열광하며 기도하는 이유,
신을 닮은 자,
인간의 영광이었다.

그는 트로이 전역에 배수로 체계를 건설했고,
트로이의 모든 거리 양쪽으로 쭉 이어져 있던 그 배수로는
세공한 마노瑪瑙와 세공하지 않은 마노덩어리를

교대로 박아넣은 것이었다.
물은 트로이 밖으로 고요히 흘러나갔다.
이제 헥토르는

뒤돌아 뛰기 시작하면서
옷 뒤의 얼룩이 헬리콥터에서 보일까봐
걱정한다.

TV는 빛으로 이루어져 있다, 수치심처럼.

VII

한때 실제로 바다 밑바닥이었던 데스밸리는, 바다 밑바
　　닥이 그러하듯, 끊임없이 움직인다.

희미한

은색

압력이 북쪽에서부터 서쪽까지 모래언덕을 훑으며

수마일에 걸쳐 파놓은

평행한 홈은

반시간 만에 사라지고 또 사라진다, 머물렀다가 나아가
　　면서,

흔적을 남겼다가

희미해지면서.

전투에 나서기 전 트로이의 왕들이

이후로는 아무도 기억하지 못할

모양으로

머리를 빗는 동안, 헥토르는

자갈로 이루어진

긴

홈을 달리며 곧장 트로이로 향하고 있다.

그의 눈에는

아내가

난간에서 천조각을 흔드는 모습만이 보일 뿐이다.

그도

따라서

흔든다. 그는 절대 그녀에게 가닿지 못할 것이다. 그의 발

  아래로 사막이

작고

불가해한

볼베어링들을 움직이면서 그를 더욱더 서쪽으로

그리고

남쪽으로 데려간다

그의 마지막 내해內海의 청정함이 드러난[3] 곳으로.

TV는 무중력 상태에서의 균형이다, 게임처럼.

하지만 TV는 게임이 아니다.

VIII

TV는 어둠 속에서 나타난다, 헥토르가 기도할 때 사용하

---

3 원문은 'unclocked'이지만 『유리와 신』에서는 'unlocked'로 수정되었다. 여기서는
후자의 번역을 따랐다.

는 동사들처럼.

푸르게 하다.

중심점에서 떼어놓다.

수정을 발가벗기다.

하늘을 발가벗기다.

잿더미로 만들다.

위에 침묵을 얹다.

단념하지 않다.

가장 깊은 속으로 들어가다.

(영혼의) 연기에 올라타다.

IX

TV는 환히 빛난다, 헥토르의 기도처럼.

당신은 떠난다. 위태로워졌다, 우린.

매달린다.

잿더미의 사람들.

잿더미가 되어버린.

X

늦은 밤마다 헥토르는 바로 옆 키노[4] 도박장에서 들려
　오는
소음을 틀어막으려 모텔 방에서 헤드폰을 낀 채
자리에 앉아 아내에게 엽서를 쓴다.

**사막은 몹시 추워 우리는 새벽부터 황혼까지 촬영해 머리
위로 군용 제트기들이 신나게 날아다녀 감독의 얼굴은 분
노로 시뻘게졌어 점심 먹을 시간도 없어 조명이 계속 켜져
있어! 당신은 내 의상을 마음에 들어할 거야 실크로 되어
있어 눈물** TEARS **고마워 고향의 맛이야**
　　　배 P

그러고서 그는 책상 서랍에서 커다란 붉은색 노트를 꺼
　낸 다음
스웨터를 걸치고 다시 자리에 앉는다. 뚫어져라 쳐다본다.
표지에는 **오직 나만을 위한 일기**라고 적혀 있다.

　오늘 헥토르는 비탈 아래로 굴러떨어지는 바위처

4　빙고 게임과 숫자 뽑기가 결합된 도박.

럼 싸웠다.

암벽에서 떨어져내린 그것은 이리저리 튀며 날아다

니고, 그 아래로

우듬지들이 으르렁댄다,

무엇도 그것을 막을 수 없다─

그것은 싸움터에 내리꽂힌다!

그곳에서 그는 척후병들의 장벽을 이리저리 찔러대

고 있었다.

그는 눈으로 뒤덮인 산꼭대기가 번쩍이듯,

부서지는 파도가 물거품을 일으키듯, 거대하고 흰 물

결이

끓어오르며 해변에 당도하듯 몸을 움직였다─

이때쯤 모텔 여기저기에 아침 불이 피워진다.

새벽의 냄비들이 달그락거린다.

헥토르는 계속 일기를 쓰고,

그의 뒤로는 창과 작살의 기다란 날들이

벽에 기대어 서 있고

벽 옆에는 TV가 있다 ─

그곳에서 그는

적진의 어느 부분이 뚫릴지를 알아내기 위해
적진의 모든 곳을 시험하고 있었다!
귀먹은 하루는 황소의 시간을 향해 흘러갔다.
진실은
그에게서 빠져나가
밤의 정강이뼈 아래로 굴러가버렸다.

TV는 '무덤'을 가리키는 말로 '흔적'이라는 단어를 사용
한다, 호메로스처럼.

XI

TV는 사회보다 앞선 것이다, 인간처럼.

데스밸리 촬영 마지막 날
거대하고 느릿느릿한 갈색 산들이 늘어서 있는 곳을 달려
빛이 만들어놓은 구멍을 향해 가면서

헥토르는 양쪽 겨드랑이가 메말라가는 걸 느꼈다.

구름은 마치 사냥터를 표시하기라도 하듯

윤곽선을 바위 표면에 떨군다.
헥토르, 늘 마음이

앞서나가던,

술 취한 동물처럼 앞서 달려가
낮은 덤불에 묻은 소금 알갱이들을
무슨 버터나 은빛 꿀인 양 핥아먹던 헥토르,

호메로스는 그의 마음을 사자에 비유했다,

개떼와 인간들의 포위망 속에서 이리저리 돌며
어디로 돌진하든 인간들과 개떼를 물러서게 하지만
그럼에도 계속 죄어오는 포위망 속에 있는 사자 ─

헥토르가 몸을 떤다.

인간의 길은 두 종류의 지식을 포함한다.
불과 밤. 헥토르는 실험적인 순수성의 상태에서
불의 길을 추구해왔다.

오전 6시 53분, 그의 밤이 두건을 벗고 모습을 드러낸다.

헥토르는 거대한 금속 원반 한가운데 누워 있는 자신을
  본다.
엉긴 새벽달이 하늘에 기이하게 매달려 있고
그는 온몸으로 차갑게 전해지는 다음의 사실을 느낀다:

원반이 기울고 있다.

아주 천천히 원반은 30도에 이른다.
검푸른 전파가 한가운데에서 가장자리로
줄기차게 흐르는 동안

헥토르는 미끄러지기 시작한다.

당신이 필멸의 존재임을 깨닫는 데는 한순간이면 충분
  하다.
트로이는 뒷다리로 자리를 박차고 일어났고
생명의 어둠은 온 도시에 흘러넘쳐

보라색 잔에서 보라색 잔으로 전해졌다.

발끝을 선에 맞춰주세요, 헥토르의 발 바로 앞

원반의 표면에

노란색 테이프 두 개를 아무렇게나 턱턱 붙이며

보조 카메라맨이 말한다.

다시 카메라로 서둘러 돌아가며 그가 촬영 슬레이트를
　들어올린다.

아크등에서 날아온 천 마리 말벌들이 눈을 쏘아대고

카메라가 검은색 버터와 씁쓸한 꿀을 헥토르의 눈에 곧장

퍼붓는 동안,

감독이 외친다,

다들 위치로.

헥토르가 선을 향해 발걸음을 내딛는다.

나는 늘 전쟁에 흥미를 느껴왔지, 그가 대사를 시작한다.

TV 인간: 아르토[1]

아르토는 미쳤다.

그는 광기 옆에 바짝 붙어 있었다. 그것이 숨을 쉬는지 안
　쉬는지 지켜보면서.

절망에 빠진 내 모습의 클로즈업.

그의 얼굴은 미쳤다.

광기는 그의 영혼이 얼굴에 적어넣은 불과 같은 것이었
　다. 이 모든 정신적 유리glass들.

벽에 머리를 쿵쿵 처박고 있는 나.

그의 육신은 미쳤다.

어떤 날 그는 몸속에서 자궁을 느꼈다. 하늘이 돌진해와
　그에게 나사처럼 박아넣은 정신.

나는 폐허 속을 뛰어다닌다.

1　프랑스의 시인·극작가·배우·연극이론가인 앙토냉 아르토를 가리킨다. 그는 마
흔 살 때 정신병원에 수용된 후 9년 동안 그곳에서 지냈다.

그의 정신은 미쳤다.

정신 같은 건 없었다(그는 그렇게 결론지었다). 눈에 보이는 그대로의 몸(지옥).

나는 탑에서 몸을 던지고, 몸짓을 해대며, 추락한다.

그의 병원은 미쳤다.

그는 전기 충격 도중에 느낀 첨벙하는 상태를 언급했다.[2]

그 구멍들은 무엇이었으며, 무엇으로 만들어진 것들이었을까?

해변으로 추락한다.

그의 멕시코는 미쳤다.

그는 모든 그림자의 개수를 하나도 빠짐없이 헤아렸다.

그 시절에는 아편도, 머리들도 없었다.

모래 위에 쓰러진 내 육신이 보인다.

그의 신은 미쳤다.

그는 자기 보지에서 신이 자신을 끄집어내고 있다고 느

---

2 아르토의 『아르토 르 모모(*Artaud le Mômo*)』에는 "바르도(Bardo)란 존재가 첨벙하고 빠져드는 죽음의 고통이며, 전기 충격 도중에는 첨벙하는 상태가 발생한다"라는 대목이 나온다.

껐다. 갈채. 갈보.[3]

그것은 몇 차례 발작적으로 움직인다.

그의 분신[4]은 미쳤다.

미치는 것의 문제는 미치는 것과 미쳤다고 말하는 것을
  동시에 할 수 없다는 데 있었다.

아름다운 경련.

그의 말ㄹ은 미쳤다.

그는 스스로에게 수수께끼가 되어야만 했다. 자기 자신
  을 도둑질하는 일을 막기 위해서.

당신은 엉망진창이 된 내 얼굴을 본다.

그의 배설물은 미쳤다.

그는 뼈와 그것의 순수함을 부러워했다. (스스로도 말했
  다시피) 고통에 의해 교정당해 죽는 것을 질색했다.

그러고서 나는 물러난다.

<hr />

3 '갈채'와 '갈보'는 각각 프랑스어 *'claque'*와 *'claquedent'*을 옮긴 것으로, 전자는 '박
수' '시체' '갈보집' 등을, 후자는 '거지' '갈보집' 등을 의미한다. 아르토는 멕시코 여
행을 기록한 「인디언의 문화(*La culture indienne*)」에서 이에 착안한 말장난을 구사한
바 있다.

4 아르토의 『연극과 그 분신(*Le théâtre et son double*)』에는 연극은 잔혹한 삶을 재현
해야 하며, 따라서 연극은 삶의 '분신'이 되어야 한다는 이론이 소개되어 있다.

그의 봄눈春雪은 미쳤다.

그들은 새벽에 그를 발견했다. 그는 침대 발치 바닥에 앉아 있었다. 구두 한 짝을 손에 쥔 채.[5]

그리고 자리를 피한다.

5 실제로 아르토는 정신병원에서 퇴원한 후 파리의 한 요양원에서 이와 같은 모습으로 사망했다.

TV 인간: 소크라테스

소크라테스가 죽는 날, 울새의 붉은 가슴 같은 해가 떠오
　르기 전에 우리는
감옥의 문 앞에 있었다.

자신의 동굴에서 잠들어 있다가 두 소년에게 발견됐던
실레노스[1],

노래를 원하는 그들의 희망을 또다시
기만하지 못하도록

잠에서 깨어나기 전에 두 다리에 족쇄가 채워진 바로 그
　실레노스처럼, 소크라테스는
마지못해하며 ―

1　술의 신 디오니소스의 양아버지로 쾌활한 배불뚝이 영감이다. 플라톤의 『향연』
216b~216e에는 알키비아데스가 소크라테스를 실레노스에 비유하는 장면이 나오며,
베르길리우스의 「제6 목가」에는 술에 취한 실레노스의 다리에 족쇄를 채우고는 우
주의 기원에 대한 노래를 불러달라고 강요하는 두 소년이 등장한다.

그날 새벽에 피어나는 장미 꽃잎과 찢어진 서늘함이
포개진 듯한 눈을 ─

뜬다. 이렇게 이른 시간에
여긴 어쩐 일들인가?

그는 말한다. 나는 소크라테스가 내게 가르쳐준 크리시
　스_krisis_라는 단어를 좋아한다.
그것의 의미는 판단.

(법정의) 판결. (척추의) 허리.
우리가 첫번째로 촬영할 장면은

잠의 척추를 툭툭 두드리는 소크라테스 ─ 그곳에서 그의
　꿈이 쏟아져나온다:
잠 속에서

그에게 말을 걸어오는 흰 옷의 여인. 크리시스는
틈을 뜻한다,

침상 끄트머리에 앉아 우리에게 죽음은 불행이 아니라

네, 라고 말하는

소크라테스와

육신에 대고 부비는 미약하고 초조한 움직임이

필름에 밝은 점들이나 폭풍 전의 인광으로 나타나는

그의 영혼 사이에 벌어진

틈을.

우리는 감옥 복도를 따라 카메라를 길게 패닝하고, 복도

　는 아주 천천히

커브를 그리면서

중간중간 돌아오는 제정신과도 같은 간격으로 땅에 파

　묻혀

푸르스름한 빛으로 불타오르는

다른 죄수들의 감방을 지난다. 다시 소크라테스의 감방

　으로 돌아오면, 그는 조용하다.

그가 흔들리며 쓰러질 듯한

목소리로 부르는 짧은 노래는 마치 너무 빨리 지나가는

누군가처럼

은밀한

열기에 의해 여기저기서 아래로 빨려들어갔고, 그래서

　　우리는 필름을 돌리는 속도를 높였지만

속도는

아무런 영향도 끼치지 못했다 ― 그는 게임의 법칙에 기

　　대어 쉬고 있는 선수처럼,

깨끗한 그곳에

머물러 있었다. 하지만 그가 부르는 노래의 제목은 〈TV

　　는 게임이 아니야〉였다.

그는 그 노래를

끝까지 불렀다. 창백한 새벽이 그 방의 품속을 채우고 있

　　었다.

우리는

그의 발, 다리, 무릎, 윗다리를 촬영했고, 카메라가 그의

　　심장에 이르렀을 때

우리에게는

거의 5분 분량의 필름밖에는 남아 있지 않았고, 나는 그
　　에게 말했다, 가만있어요! 그러자 그가 말했다,
왜요?

그리고 그는 가버렸다. 잠 속에서 맹세를 하는 사람은 잠
　　속에서 그 맹세를
지킬 것이다.

우리가 밖으로 나오는 도중에 간수가 말하길, 소크라테
　　스가 담배를 좀
사달라고 부탁했었는데

한 번도 돈을 주지 않았다고 했다. 우리가 대신 주면 어떻
　　겠느냐고 했다.
우리는 그렇게 했다.

TV 인간: 잠든 사람

잠든 사람, 실재하며 소중한 그가 어둠에 새겨져 있다.

잠의 광물이 그의 안으로 들어가고 있다.

그의 밖으로 나오고 있다.

그의 손목에 맥박이 뛴다.

내게 사로잡혔다, 내 신경에 사로잡혔다.

밤이 잠든 사람 위로 무릎을 꿇는다.

그의 여행은 어디서 시작되었으며, 그것은

어디까지 태워버릴 것인가?

그리고 이제 그는 무엇을 위해 헤엄치는가.

헤엄쳐라, 잠든 사람이여, 헤엄쳐.

내게 전도사와도 같은 그대의 평화.

세상에 알려지지 않은 그대의 변용.

웅덩이 밑바닥에서

나는 그대의 잠든 형상을 살펴본다,

그게 내가 돌아갈 수 있는 집이라도 된다는 양,

그게 품에 안을 수 있는 머리라도 된다는 양.

그대가 잠들어 있지 않은 한, 나는 밤을 가로지르고

내 고독을 지나

앞으로 나아갈 수 없다.

그대의 작은 두 손은 물결에 찰랑거린다.

그리고 이곳의 모든 것을 부인하라, 그대의 열정은

우리가 아는 종류의 잠, 광산 투어를 위해 찬 랜턴의 우연

　　한 잠과 부딪혀

흔들린

그 모든 어둠.

그대는 한때

가장 은밀한 예감 속으로 뛰어들어

그곳에 머물렀다, 검은 외투를 걸친 채 고개를 숙이고.

놀랍게도.

밤의 나무에 매달린 잎사귀들처럼, 그대 안에 영원이 흐

　　른다.

이곳에 살기 위해선 누구나 많은 걸 잊어야만 한다.

TV 인간: 사포[1]

나는 불의 본성에 대해 쓴다, 불에 탄 나의 손으로

avec ma main brûlée j'écris sur la nature du feu[2]

I

법이 무엇인지는 아무도 모른다. 적어도 매일 화형이
행해지고 있는 것으로 봐서, 법이 존재하긴 한다는 사실
  만 알 수 있을 뿐.
콩코르드광장 촬영

이틀째 되는 날,
나는 튀일리정원의 나뭇잎들이 밤새

---

1 그리스 레스보스섬 출신으로 서양 최초의 여성 시인으로 꼽히며, 플라톤으로부
터 세상에 현존했던 '열번째 뮤즈'라는 칭송을 받았다.

2 귀스타브 플로베르가 편지에 쓴 문장을 잉게보르크 바하만이 소설 『말리나』에
변형해서 인용한 문장.

달라졌다는 걸 알아차리지만

촬영을 이어나가는 데 문제가 될까 걱정되는 마음에
이 사실을 누구에게도 알리지 않는다.
오늘 아침 나는 귀걸이를 바꾼 것 때문에

(그렇지 않았다면 아무 문제도 없었을) 16개의 테이크를
  이미 무용지물로 만들었다.
삭제는 불가능하다.
이것은 법인가?

아니, 재능이다. 날카로운 돌멩이들이 있는 곳을
비스듬히 밟고 걸어가는 것.
악덕 또한 날카롭다.

악덕을 금하는 법이 존재한다.
하지만 충격은 지속된다.

II

인생은 짧아라 *la vie est brève*

몇 안 되는 사랑 *un peu d'amour*

몇 안 되는 꿈 *un peu de rêve*

그리하여 작별 *ainsi bonjour*[3]

탤런트에게는 당연한 것을 보여주는

재능talent이 있다.

이 밧줄이 보이는가?

한쪽 끝은 내게

다른 한쪽 끝은 죽음에게 묶으라:

나는 환한 조명 아래 네 발로 기면서

일정한 초점거리를 유지하며 그의 주변을

빙빙 돌 것이다.

너무 가깝지도 너무 멀지도 않게 ―

(배경의 묘비들이

프레임 밖으로 천천히

빠져나갈 때

---

3 벨기에 시인 레옹 몽테나켄(*Léon Montenaeken*)의 시 「사소한 것(*Peu de chose*)」을 변형 인용한 것.

"제자리로"라고 카메라맨이 속삭인다.)

이렇게 빙빙 돌고 나면

지구는 우리가 생각했던 것보다 따뜻해질 것이다.

로마의 몰락

여행자 가이드

I

내일 이 시간쯤이면 나는 로마 사람이 되어 있을 것이다.

II

나

는

안나 크세니아[1]

를

찾아갈

것이다.

---

1 '안나(*Anna*)'는 영어 이름 '앤(Anne)'에 해당하는 이탈리아어 이름이며, '크세니아(*Xenia*)'는 그리스어로 '환대'를 뜻한다.

III

푸른 장미 사이로 집어넣은
길고 차가운 손가락이

붉은 세상을 비집어 연다.

비행기가 미동도 없이
유럽의 바다 위를 날며
날카로운 비명을 지른다.

IV

기장이 **안전벨트 착용등**을 켰다.

V

안나 크세니아는 지금쯤 잠에서 깨어나고 있을 것이다.

VI

우리는 속수무책으로 로마로 빠져든다.

VII

내가 누구인지는 중요치 않다.
당신은

생존하기 위해 몸부림치는,

존중받고 존경받기 위해 몸부림치는
(그리하여 과거를 없애려 하는) 내 모습을 보면서
나를 별볼일 없는 사람으로 치부해버릴 것이다.

그래도 괜찮지만
내게도 쓸모가 하나는 있다:
나는 당신을 안나 크세니아에게 데려다줄 수 있다.

VIII

그녀는 고대 공화국의 시민이다.
갑옷 입은 모습이

몹시 매혹적인

공화국의
전쟁
사학자.

IX

이제 나는 여행을 싫어하지만
그럼에도 수많은 곳을 방문하면서

어떤 되풀이되는 현상을

알아차렸다.
이를테면 여행은

당신 뒤에서

당신의 이름을 외쳐부르는
어떤 목소리와 함께 시작된다.
이는 편리한 방식으로 보인다.

그렇지 않고서야 어떻게 떠날 때임을 알 수 있겠나?
또다른 한편으로 생각해보면,
그것은 누구의 목소리인가?

그리고 그들은 무엇을 원하나?
우정이
첫번째 만남 이전에 시작되는 것과 마찬가지로

제국도
첫번째 정복 이전에 시작된다.
안나 크세니아는 옥스퍼드에서 공부했다.

어쩌면 그녀는
이중 어떤 것들을
내게 설명해줄 수 있을지도 모른다.

X

첫번째 만남.
땀에 젖은 채 호텔 앞 인도를

서성이며, 그녀는 달라 보일까? 나는

달라 보일까? 내가 못 알아보면 어쩌지 — 어쩌면
그녀는 이미 여기 와 있는지도 몰라! — 나는 홱 돌아선다:
저기.

그녀가 있다. 환히 웃으며.
거대한 붉은 꽃 다섯 송이를
거꾸로 들고 있는데(로마의 풍습인가?) 그걸

와락 움켜쥐니
마음속에서 모든 언어가 사라진다.
우리는 서로를 쓰러뜨릴 듯이

격렬히 포옹하고
로마를 발견하기 위해
돌진해나간다.

XI

시민의 신성함이란 무엇인가?
자신만의 날을

하루도 갖지 못하는

이방인에게,
하루를
내어주는 것이다.

XII

로마는 멋진 이야기로 가득하다.
나는 지그재그로 움직이며

그곳을 돌아다니고

빗으로 가르마를 타듯 그곳을 가른다.
그곳이 내 뒤에서

한데 꼬이는

소리를 듣는다.

입구*entrata*.

출구*uscita*.

XIII

이방인은 아무런 균열도 일으키지 않는다.

XIV

두번째 만남.

충분히 걸었다 싶을 즈음

나는 안나 크세니아에게로 간다.

그녀는 섬만큼이나 아름답다.

그녀는 작은 발굽을 또각거리며 어렴풋이 모습을 드러내
네스카페 커피를 탄다.

안나 크세니아에게는 멋진 이야기가 가득하다.
그녀는 키케로처럼 고개를 꼿꼿이 들고
짐짓

내가 말대꾸라도 하는 사람인 양 행동한다.
안녕, 좋은 오후야.
나는 잘 지내 고마워 너는 어때?

XV

내가 걸친 여행자의 옷
안쪽 깊은 곳에서

나는 지금 벌어지고 있는 이 대화를 바라본다.

이탈리아어는 아름다운 언어이지만
매우 어렵기도 하다.

안녕히.

XVI

그러고서 나는 호텔로 돌아온다.
커다란 외투를 벗는다.

엄청나게 큰 바지를

건다.
자리에 앉아
악몽을 기다린다.

XVII

낮의 지배자^{master}가 안나 크세니아인 것처럼
밤의

지배자는

두려움이다.
나는 자리를 잡는다.
그것이 방안을 가득 채운다.

XVIII

그것은 문 아래로,
잠 아래로 스며들어,

침대를,

복도를 가득 채우고,
그것은 몸을 일으켜 입구 *Entrata*와
출구 *Uscita*를 뒤덮으니,

나갈 곳도 없고,
들어올 곳도 없어,
이방인은

두려움에 대한 해결책으로

잠을 잔다.

로마인들은 이방인을 증오한다.

XIX

넌 왜

이곳에 왔지?

넌

이곳에

침입했어.

왜지?

XX

나의 악몽을 로마의 몰락이라고 불러야겠다.

XXI

알라리크[2]는 410년에 로마를 침략했다.

악몽이 그를

기다리고 있었다.

그는 사흘을 머물렀다.

입구*entrata*.

출구*uscita*.

---

2 서고트의 초대 왕으로, 이탈리아반도를 세 번 침공했으며 게르만 추장으로서는 처음으로 로마를 점거하였다.

XXII

알라리크의 신성함이란
무엇이었나?

그것은 달리는 것이었고

계속
달리는 것이었다.
새벽녘 쪽으로.

XXIII

이방인은 알라리크가 달려내려가던 거리를
밤중에 달리다가

신의 악몽 속에서 넘어지는 사람이다.

실례합니다 좀 알려주세요, 출구가 어느 쪽이죠? 입
구*entrata*.

입구*entrata*.

입구*entrata* 말이에요.

터지는 상처들.

이방인의 신성함이란 무엇인가?

그에게 그런 건 없다.

XXIV

이방인은 가난하고, 게걸스럽고, 난폭하다.

그는 그냥 아무 곳에서나

들어와

물가를 치솟게 한다.

무언가를 알기 위해 그가 사용하는 방법은

그것을 먹는 것이다.

XXV

그렇다, 로마인들은 이방인을 증오한다.
죽마 위에서 절묘하게 몸을 흔들며

로마인들은 문명을 대표한다.

선명히 표시된
도시들과
강과

주요 지방들의 이름으로.
확인된
병터[3]로.

연이어 빛나는
성일聖日들로.
활짝 웃는 웃음은

없다.

---

3 생체 조직에 병적 변화를 일으키는 자리를 뜻하는 의학 용어.

벌거벗음도

없다.

XXVI

로마인들은 이방인을

어떻게 구분해내나?

즉시.

악이 그를 집어낸다.

안나 크세니아가 내게 이것을 설명해주었다.

"모든 이방인은 진정한 의미에서 악당이지."

XXVII

당신은 내가 시차로 인한 피로,

가벼운 불면증,

여행자가 겪는 약간의 권태감에 대해 이야기한다고 생각
　한다.

그렇지 않다.
번거롭게 하는 건 질색이지만
나는 지금 악에 대해 이야기하는 중이다.

그것은 피어난다.
그것은 먹는다.
그것은 활짝 웃는다.

그것은 스물여덟 개의 눈을 지녔다.
당신은 그것이, 이곳에 왔던 ―
내가 알기로 아이네이아스⁴ 이후에 왔던

모든 이방인들의 시대를 질주해내려가는 것을
볼 수 있을 것이다.
날개를 활짝 펴고서.

――――――――――――――

4　그리스신화에 등장하는 영웅. 트로이성이 함락되자 이탈리아반도로 피신하여
새로운 터전을 일구었다. 로마민족의 조상으로 알려져 있다.

이방인은 악이다.

어쩌면 상처에 너무 두꺼운 딱지가 앉아서

귀와 꼬리가

거의 보이지 않을지도 모르지만,

거기에 속을

로마인은 없다.

그가 악이 아니라면

이방인일 리도 없을 것이니,

안 그런가?

XXVIII

자,

내게는 두려워하는 성향이 있다.

나는 그것을 지켜봐야만 한다.

XXIX

나는 활짝 웃는다.

나는 먹는다.

끔찍한 전쟁의 무시무시한 기술을 익히느라

밤낮으로 생기는 무수한 상처들! 쓸모없다.

두려움이 나를 지배한다master.

내가 두려움을 지배하는 게 아니라.

XXX

이방인은 그 무엇의 지배자master도 아니다.

누가 악몽 속에서

스스로를 도울 수 있겠는가?

XXXI

다른 한편으로,
그것은 내게 여행의

구실을 제공해준다(여행은

두려움을 정당화해준다:
다른 장소들은 정말이지
끔찍하다고).

XXXII

더군다나, 이 경우에는
더없이 확실하다.

로마인들은 (내가 말한 대로)

이방인을 증오한다. 그리고
그들의 논거는

경험상

타당하다.
제국의 신성함이란 무엇인가?
무너짐을 아는 것이다.

모든 것은 무너질 수 있다.
집도 육신도
그리고 적도

무너진다
그것들의 리듬이
흐트러지면.

XXXIII

알라리크가 새벽녘 쪽으로 달려나갔을 때 로마는 무너
졌다.

XXXIV

이방인은 잘못된 날에 찾아오는 사람이다.

XXXV

전화하는 걸 깜박한다.

XXXVI

그리고 업무중인 로마인을 방해한다.

XXXVII

어떤 로마인이 공적인 업무[5]에서
면제됐다고 생각한

그날

당신이 그를 놀라게 한다면
당신은
화를 자초하는 셈이다.

XXXVIII

그는 그 주의 다른 날들에 그랬다면
로마의 평화*Pax Romana*라는 명목으로

기꺼이 박살내버릴

---

5 public performance. '대중 공연'이라는 뜻도 있다.

황갈색 두개골을 가진 저 짐승만큼이나

냉혹하고 사납게

자신이 갇혀 있는 우리의 문 쪽으로 다가올 것이다.

XXXIX

이방인은 문간에 서서

혼란에 휩싸인 채

개가 탈출하도록 두는 사람이다.

안나 크세니아는 개를 쫓아

다섯 층을 뛰어내려간다.

그녀가 돌아와

여전히 문간에 서 있는 나를 본다.

난감한 순간이다.

세번째 만남.

XL

미안, 그럼에도 불구하고, 들어가도 될까?
그럼에도 내가, 앉아도 될까?

이방인은 대화를 갈구하는 사람이다.

그렇다면 내가 늘 할말이 없는 것은 왜인가?
우리는 각자 갑옷을 두르고
부엌 식탁에 앉는다.

점심은 치워졌고
그녀는 한껏 올라간 입꼬리로
미소 짓고 있다.

미안하지만 좀더 천천히 말해주지 않겠니.
내가 로마를 방문한 건
이번이 처음이니까.

XLI

악당과 마주했을 때
로마인은 무엇을 해야 할지 안다.

큰 소리로 불평하는 것이다.

교황의 이력. 타소[6]의
피해망상증.
세네카의

거만함.
(토파즈를 수집하는 아내를 둔)
로마공산당 서기의 불성실함.

집주인 여자.
도어록.
수도 시설 ─

---

6 16세기 이탈리아의 시인 토르콰토 타소를 가리킨다. 자신이 종교적으로 박해받
고 있다는 그의 피해망상증은 그가 반쯤 미친 작가라는 전설을 낳았다.

XLII

그것은 고귀하다.

원로원 의원들에게 연설을 하는 키케로처럼,
안나 크세니아는 이야기를 하면서 더 커진다 ─

XLIII

그녀는 도중에 멈춘다("네스카페 좀

타 올까?"), 수도관이 헐떡이며
말라가던 찰나에.

XLIV

이방인은
부엌 식탁에 아주

조용히 앉아서

자신의 손가락 마디를 내려다보는 사람,
언젠가는 우리가 이 일을 떠올리며 웃을 거라고 생각하
　지만
그것을 믿지는 않는 사람이다.

XLV

"이런 죽일 *uccidi*! 때려죽일 *flagella*! 태워죽일 *brucia*!"
뭐라고 말했어?

"이놈의 로마 수도!"

뭐가 문젠데?
"자기 마음대로 끊겨버린다니까!"
무슨 이유로?

"이유 따윈 없어!"

어디 알릴 데라도 있어?
"아무데도 없지!"

우리가 뭘 할 수 있지?
"우리가 할 수 있는 건 아무것도 없어!"
나는 로마에

(당신의 조언대로)
『여행자에게 유용한 표현들』
이탈리아어 문고판을

들고 왔다.
유용한 표현들이 머릿속에 떠오른다.
구명보트는 어디 있습니까.

XLVI

이방인은 수도 시설에 대해
아는 게 거의 없는 사람이다.

만일 수도가 멈추면

그는 또다른 도시로 가서
미네랄워터*acqua minerale*로
세수를 하거나

노베나[7]를 시작한다.
그리고 유용한 표현들은
손 뻗으면 닿을 곳에 놓여 있다.

뭔가 고장난 것 같습니다.
관리자분과 이야기할 수 있습니까?
밀라노행 기차는 어디서 탑니까?

XLVII

하지만 로마에서의 삶에는
불가능한 일뿐이다.

---

7 *novena*. 구일(九日)기도.

195

내가 할 수 있는 게 뭐지 *Che posso farci*?

당신이 할 수 있는 건 아무것도 없다.
그것은 그들의 운전 습관이 그러하듯
그저 불쾌하고 바꿀 수 없는 로마의 실상일 뿐.

XLVIII

그럼에도 불구하고, 나는 뭔가 말해야 한다고 느낀다.

XLIX

나는 말을 향해 돌진한다.
그녀는 그 말들을 쳐낸다.

어느 한 시점에 (대체 이방인은

어느 정도까지 멍청해질 수 있나?)

심지어 나는 그녀에게 신에 대한 질문까지 던진다!

끔찍한 일이다. 지금은

대낮인데, 악몽이

방을 가득 채우고 있다.

출구 없이*Senza uscita*.

L

내가 전혀 기억나지 않는 거지, 그렇지?

LI

이방인은 안으로 걸어들어오는 사람이고,

일순간

넌 줄 모르겠어 —

그 일순간은

거의 죽음만큼이나 우리를 불안하게 하는 것이고,

적어도 누군가는

그렇다고 믿는데,

이를테면

프루스트가 그러하다:

"(…) 그것은 여기에 있던 사람,

즉 우리가 기억하는 사람은 더이상 존재하지 않음을,

그리고 지금 여기에 있는 사람은

우리가 알지 못했던 사람임을 인정하는 일이며,

그것은 죽음의 신비만큼이나 우리를

불안하게 하는 신비,

말하자면 죽음의 전조와 예고자에 대해

마땅히 생각해봐야 함을

의미하기도 한다."[8]

---

8 『잃어버린 시간을 찾아서』의 7편 「되찾은 시간」 중에서. 앤 카슨은 이 인용구를

그런데 프루스트는

로마에 발을 디딘 적이 없다.

그리고 그는 이방인이란 어떤 존재인지에 대해

복잡한 이해 방식을 지녔고

(그는 그 문제를 뒤집어서 생각해본다)

그러한 이해 방식은 로마인들의 철저한 검토를

견뎌내지 못할 것이다.

그럼에도 불구하고,

그의 날카로운 눈은

뭐가 진짜 문제인지를

훤히 꿰뚫어본다.

그것은 당신 뒤에서 들려오는 저 목소리다.

영어가 아닌 프랑스어 원문으로 인용했다. "… *c'est admettre que ce qui était ici, / l'être qu'on se rappelle n'est plus, / et que ce qui y est, // c'est un être qu'on ne connaissait pas; / c'est avoir à penser un mystère / presque aussi troublant // que celui de la mort dont il est, / du reste, / comme la préface et l'annonciateur.*" 물론 프루스트의 원문에는 행과 연 구분이 없다.

LII

생각해보면 알 수 있을 텐데,
이방인들에 대한 모든 최초의 증오에는

죽음에 대한 이런 견해가,

어느 날 바로 그런 방식으로 당신을 향해 걸어올
죽음에 대한 이런 견해가 포함되어 있으므로.
좋은 아침입니다*Buon giorno*, 죽음은 말할 것이다.

LIII

대화의 신성함이란 무엇인가?

그것은
죽음에 통달하는*master* 것이다.

LIV

당신은 내가 멜로드라마적으로 굴고 있다고 생각한다.
수도관에 대한 한 차례의 끔찍한 대화.

그렇다고 우정이 끝나는 것은 아니다.

글쎄, 이방인은 두려움을 조금
지나치리만치 심각하게 받아들이는 사람이다.
해질녘이 된

거리로 다시 나와
상처가 벌어진 채
무턱대고 이동한다.

평지를 가득 메우는 외로움이 있다.
온전한.
달빛처럼 푸르스름한.

악몽 속에서 스스로를 도울 수 있는 사람이 누가 있겠는
　가?
좋은 아침이네요.

실례합니다.

안녕히 주무세요.
네 이번이 저의(우리의) 첫 로마 여행입니다.
저는(우리는) 최고의 시간을 보내고 있어요.

당신을 저의(우리의) 아내(남편,
아들, 딸, 어머니, 아버지, 남성 친구,
여성 친구)에게 소개해도 될까요?

천만에요.
정말이지 별말씀을요.
지금은 새벽

2시.
나는 경찰서장과 이야기를 나누고 싶다.
우리를 향해 돌진해오는 검은 행성이 있다.

LV

다섯번째 만남.
저렇게 웃을 때의 그녀는

내 모든 비밀만큼이나 아름답다.

안나 크세니아는 우리가
오르비에토에 꼭 가봐야 한다고 결심을 굳혔다.
이런 일이 이방인의 삶을 구원할 수도 있다.

LVI

대부분의 로마인들에게 그렇듯
안나 크세니아에게도

운전은 전쟁이다.

어쩌면 오르비에토로 가는 길에
그녀가 이유를 설명해줄지도,

대체 왜 그런 건지?

그럼 (경적을 울린다) 물론 해드려야지 *naturalmente*!
그녀의 설명은 장황하다.
사례는 적절하다 (경적).

확실히 수긍이 간다.
마지막 부분에서 그녀가 멈춘다.
짧은 침묵.

갑자기
웃음이 터져나오고
그녀는 핸들을 후려친다.

"네가 옳아,
이유 따윈 없어!"
그 사실은 오르비에토로 가는 내내 그녀를 즐겁게 한다.

LVII

이제,

오르비에토.

원래 에트루리아인의 것이었던 이 도시는

한때 교황의 성채였다.

꼭대기에

화산암으로 된

받침대가 솟아 있다.

화산암 꼭대기에는 말씀이 있다.

1290년부터 1600년까지의 시기에

건축가 33명,

조각가 152명,

화가 68명,

모자이크공 90명이

그 말씀을

대성당의 모습으로 지어냈다.

그들은 외부를
보석과 돌과 금으로 뒤덮었다.
그들은 내부를

검은 돌과 흰 돌을 번갈아 쌓은
60미터짜리의
완벽한 가로 줄무늬 17개로 가득 채웠다.

그들은 말씀의 어미語尾를 변화시켜
하나의 분명한 명령어로 만들었다.
그것에 대해 생각해보라.

이방인이 된다는 것,
그리고 "살아라!"라는 단어와 마주친다는 것이
무슨 의미일지 생각해보라.

LVIII

로마에 온 후 처음으로

나는 죽음 너머를 생각하고 있다.

나는 소리 내어 웃는다.

그녀가 본다.

그녀가 소리 내어 웃는다.

지금은 해질녘이고

우리는 차를 타고 집으로 돌아가고 있다.

입구_entrata_와 출구_uscita_의

대가들masters.

LIX

대가가 된다는 것의 신성함이란 무엇인가?

무술의 이론을 한번

참고해보도록 하자.

LX

그것은 적이 당신을 베는 바로 그 순간
그를 베는 일이다.

이것은 궁극의 타이밍이다.

그것은 분노가 결여된 상태다.
그것은 적을
귀한 손님으로 대함을 의미한다.

LXI

대성당 옆에는,
오르비에토의
두번째 관광 명소가 있다.

그것은 우물이다.
산파트리치오 우물은
포위당했을 경우

도시에 물을 공급하기 위해

교황 클레멘스 7세가 만든 것이다.

깊이는 62미터가 넘는다.

우물에는 위에서 아래까지 내려갈 수 있는 248개의

편안한 계단이 있다: 다시 위로 올라가는 248개의 나선계

   단도 있다.

그 둘은 같은 계단이 아니다.

LXII

동심원 모양으로 설계된

두 계단은

날이 접힌 잭나이프처럼

하나가 다른 하나의

안쪽에 있는 구조이기에

두 사람 가운데

한 명은 올라가고
다른 한 명은 내려간다면
서로 절대 마주칠 수 없다.

LXIII

한편 나는 오르비에토 방문에서 떠오른
사소한 해석의 문제를

당신이 가만히 혼자 곱씹을 수 있게끔

남겨둔다면
당신이 기뻐하리라는 걸 알고 있다.
대성당 안에는 오늘날 시뇨넬리예배당으로 알려진

예배당이 있는데,
그것은 유명한 루카 시뇨넬리가 1499년에
기준율에 따라 *pro rata* 180두카트를 받고 제작한

기념비적인 프레스코화, 채색된 벽기둥,

그로테스크한 것들을 그린 패널화,

그리고 창문 모양의 장식화 들로 꾸며져 있다.

예배당 아래쪽 벽을 따라

시뇨넬리는

단테의 『신곡』에 등장하는 장면들을 그린

원형 그리자유화[9] 시리즈를 추가했다.

그것들은 단색화이고

기괴한 모습이고

도상학적으로

논쟁의 여지가 있다.

이를테면,

한 원형 그림은 한 무리의 영혼이 단테에게 다가와

이야기를 나누는 「연옥」 제3곡의 장면을 묘사하고 있다.

그들은 대답을 요청하고 있다.[10]

---

9 회색 단색 화법 혹은 그 기법으로 그린 그림.

10 단테와 베르길리우스는 암벽 앞에서 영혼들에게 경사가 완만한 길이 어딘지 묻

시간이 없소 *E urgente.*

실례하오만 *Permesso*?

그들은 가리킨다.

단테의 글은

흐느껴 우는 유령들의 관심을 다스리게 **master** 한 것이

단테의 그림자라는 사실을 분명히 밝히고 있는데,

왜냐하면 「연옥」 전체에 걸쳐 (당신도 잘 아시다시피)

오직 단테만이

살아 있는 인간으로서

그림자를 드리우기 때문이다.

단테는 이 부분에서 요구되는 광학 법칙의 성질을

한 치도 어기지 않는다.

그림자는 빛의 차단으로 인해 생기는 것이다.

죽은 자는 아무것도 가로막지 않는다. 이해가 간다 *Capisco.*

잘 이해가 가지 않는 것은

———————————————

는다.

시뇨렐리가 그 장면을 왜 그렇게 그렸나 하는 점이다.

그는 모두에게 그림자를 부여했다.

왜?

공식 가이드북의 설명은

성에 차질 않는다:

"(…) 시뇨렐리는 자신이 그린 모든 인물에게

그림자를 부여했는데,

시적 진실성을 희생하는 한이 있더라도

자신이 훈련받은 사실주의적 경향을

억누를 수는 없었기 때문이다."

이해가 가질 않는다 *Non capisco*.

나는 가리킨다.

LXIV

죽음을 정복하는—master 데는 세 가지 방법이 있다.
세번째 방법은 다음과 같다(이것은

오르비에토에서 집으로 돌아오는 길에

안나 크세니아가 말해준 방법이다).
시뇨렐리가 밤늦게 작업실에서 그림을 그리고 있을 때
사람들이 폭동 가운데 죽임을 당한

그의 아들을 데리고 들어온다.
그는 아들의 시신을 곁에 둔 채 밤새 자리에 앉아
스케치를 하고 또 하고

그렇게 스케치가 무더기로 쌓여간다.
그때 이후로
그가 그린 천사들은 모두

하나같이
똑같은 얼굴을
하고 있다.

LXV

여섯번째 만남.

3년 전 오늘

폭우가 쏟아지고 길이 막히던 그날 밤에

안나 크세니아의 아들이 죽었다.

그는 몸이 완전히 망가졌지만 의식은 또렷했다.

"지금 몇 시예요?"

그는 계속 물었다.

지금은 새벽 2시야.

"거짓말!

말도 안 돼!

저기 쏟아지고 있는 빛을 좀 봐요!"

그가 가리킨다.

LXVI

그녀의 대리석 같은 얼굴 아래로 흘러내리는 대리석 눈물.
이방인은 손수건을 가지고 있지 않은 사람이다.

할말이 없는 사람이다.

앉아서 그녀의 손을 보며,
아무런 몸짓도 없이
이야기하는 로마인을 보다니

이 얼마나 희귀한 경험인가!
하고 생각하며
그늘진 마음이 타들어가는 사람이다.

LXVII

당신은 가이드북에서
온갖 것을 배울 수 있다.

이를테면, 『아셰트 가이드북 프랑스편』에는

지붕 유형의 분포를 알려주는
네 쪽짜리 지도가 실려 있는 반면,
다자이 오사무의

『보랏빛 떠돌이의 여행』[11]은
이 슬프고 비틀거리는 사람이
주로 느끼는 회한,

그리고 그가 고향인 쓰가루로 가는 길에
술을 얼마나 많이 마셨는지에 대해 이야기하고 있다.
마르코 폴로의 책에서 당신은

중국으로 가는 정확한 길을 발견한다.
헤로도토스의 책에서는
이집트 여자들이 왜 서서 소변을 봤는지에 대한

이론을 발견한다

---

11 제임스 웨스트호븐이 『쓰가루』를 번역하며 붙인 영역본의 부제. 다자이 오사무가 보라색 작업복을 걸치고 쓰가루를 여행한 데서 따왔다. 해당 영역본 제목은 'Return to Tsugaru: Travels of a Purple Tramp'이다.

217

(왜냐하면 남자들이 앉아서 소변을 봤기 때문이다).
여행자는 당신에게

풍토에 대해
혹은 물가에 대해
혹은 다른 민족의 예절에 대해 경고함으로써

다정하고도 예리한 방식으로
도움이 될 수 있다.
그런데, 그렇지가 않다.

LXVIII

그 대신
나는 당신에게

이런 두려움을 한바탕 쏟아붓는다.

왜 악몽은
우리 주변에

원을 그리고 있는가?

LXIX

마지막 만남.
안나 크세니아는 붉은 옷을 입고

매우 이른 시간에 호텔로 왔다.

끝까지 좋은 인상을 주는 것은
중요한 일이다.
나(우리)는 최고의 시간을 보냈다.

이탈리아어는 아름다운 언어이지만
매우 어렵기도 하다는 게 증명되었다.
이번에,

첫 로마 여행에서
나는 몇 개의 단어를 숙지했고 master
(입구entrata, 출구uscita)

몇 개는 아꼈어

(무례한*villano*, 죽음*morte*).

너는 더없는 친절을 보여주었지.

천천히 말하고

나를 초대해 네스카페를 대접해주었으니까.

비록 혀가 잘 따라가주진 못했지만

너와의 대화 덕분에 나는

인생의 기본적인 질문들에 대한 몇 개의 거짓 답변들을

들춰내게 되었어

(이방인은 바로 나였구나! 등등).

우리는 한두 차례 진심을 말했어:

"인생을 알고자 하는 그 거대한 욕망*cet immense désir de connaître la vie*"[12]

이라고 프루스트가 아주 간단히 부른 그것을.

이제 포터를 불러주겠니.

---

[12] 『잃어버린 시간을 찾아서』의 6편 「사라진 알베르틴」 중에서.

떠날 시간이야.

LXX

우리는 슬로모션으로 서로 입맞춤한다.
작고 붉은 군용 외투를 걸친 그녀가
뒤돌아서 떠나간다.

공부의 첫날을 향해
멋진 걸음을 내딛는다.
눈앞의 흰 모래가 뿜어내는 환한 빛에 거의 귀가 먹먹해진

작은 검투사가
입안에 자신의 그림자를 쑤셔넣으며
경사로를 따라 걸어내려간다.

우리 다시 만날
그날까지.
안녕히.

이사야서

I

이사야는 화를 내며 잠에서 깨어났다.

이사야의 두 귀에 철썩철썩 밀려오는 것은 검은 새소리가
    아니라 화였다.

신은 이사야의 두 귀를 가시 돋친 말들로 가득 채웠다.

한때 신과 이사야는 친구였다.

신과 이사야는 밤마다 이야기를 나누곤 했고, 이사야는
    정원으로 마구 달려가곤 했다.

그들은 나뭇가지[1] 아래서 이야기를 나누었고, 그러는 동
    안 밤이 내렸다.

---

1 『이사야서』4장 2절에 등장하는 '주님의 나뭇가지(the branch of the Lord)'를 의
미한다. 성경에서는 주님께서 돋게 하신 '싹'으로 번역되지만 맥락상 '나뭇가지'로
옮겼다.

신은 이사야를 발바닥부터 머리끝까지 울리게 하곤 했다.

이사야는 신을 사랑했었지만 이제 사랑은 고통으로 변해
있었다.

이사야는 그 고통에 붙일 이름을 원했고, 그것을 죄라고
불렀다.

이제 이사야는 자신이 한 민족의 일원이라고 믿었다.

이사야는 그 민족을 유다족이라고, 유다족이 처한 상황
을 죄라고 불렀다.

신은 이사야의 내면에서 세계면이 불타고 있는 걸 보았다.

이사야와 신은 세상을 보는 눈이 달랐으니, 나는 당신에
게 오직 그들의 행동만을 말해줄 수 있을 뿐이다.

이사야는 그 민족에게 말했다.

인간의 연약함이여! 이사야는 외쳤다.

그 민족은 겉껍질 속에서 살짝 몸을 떨더니 다시 잠이 들었다.

핏빛 고깃덩어리 두 조각이 그 민족의 눈에 양날개처럼 포개져 있었다.

딱딱하게 마른 윤나는 그림처럼, 그 민족은 잠들어 있었다.

누가 새로운 두려움을 발명해낼 수 있단 말인가?

하지만 나는 죄를 발명해냈지, 하고 이사야는 생각했다, 한 손을 문손잡이로 가져가면서.

그리고 그때, 그들을 서로 잡아끄는 거대한 힘 덕분에 ㅡ

이사야는 그 힘을 (얻기 위해 혹은 그것에 대항하기) 위해 남은 평생을 싸웠다 ㅡ

신은 이사야의 무심한 마음을 산산조각내버렸다.

신은 이사야의 머리카락을 불로 씻겼다.

신은 자리를 지켰다.

고깃덩어리 날개 아래서 그 민족은 귀기울여 들었다.

당신, 이사야는 말했다.

대답이 없었다.

당신의 목소리가 들리지 않습니다, 이사야가 나뭇가지
　　아래서 다시 말했다.

빛이 밤의 카메라를 빛바래게 했다.

신이 도착했다.

신은 그 민족의 구멍을 모두 뒤져 이사야를 유리처럼 박
　　살내버렸다.

이 거짓말쟁이! 신은 말했다.

이사야는 두 손을 외투로 가져갔다가, 한 손을 얼굴에 가

져갔다.

이사야가 하찮은 사람일진 몰라도, 이사야는 말했다, 거
    짓말쟁이는 아닙니다.

신은 멈칫했다.

그리고 그것이 그들의 계약이 되었다.

양쪽 모두 연약하지만, 거짓말은 하지 말 것.

이사야의 아내가 현관 입구로 왔으니, 문설주가 움직인
    후였다.

저게 무슨 소리죠? 이사야의 아내가 말했다.

주님께서 두려워하시는 소리, 이사야는 말했다.

그는 어둠 속에서 싱긋 웃었고, 그녀는 다시 안으로 들어
    갔다.

II

인간들은 자신이 가장 소중히 여기는 것이라면 그게 뭐
  가 됐든 박살내버려야 한다는 모종의
압박감을 느낀다.

종교는 그 압박감을 경건함이라고 부르고 박살나버린 그
  것을 신에게 바치는 제물이라고 부른다.

예언자들은 이 명칭들에 의문을 표한다.

우상이란 무엇인가?

우상이란 쓸모없는 제물이지, 라고 이사야는 말했다.

하지만 당신은 무엇이 쓸모없는 제물인지 어떻게 아십니
  까? 그 민족이 특유의 비범함을 발휘해서 물었다.

이사야는 이 질문에 답하기 위해 이런저런 생각에 잠겼다.

푸른 하늘에서 자연적 실재들이 거대한 덩어리째 떨어져
　내렸고, 그의 정신에 빛이 쏟아져내렸다.

이사야는 비유를 사용하기로 마음먹었다.

우리의 삶은 어둠상자*camera obscura*다, 이사야는 말했다, 너
　희는 그게 뭔지 아느냐?

금시초문입니다, 그 민족은 말했다.

너희가 어두운 방에 있다고 상상해보거라, 이사야가 명령
　했다.

알겠습니다, 그 민족은 말했다.

문은 모두 닫혀 있고, 뒷벽에는 작은 바늘구멍이 하나 뚫
　려 있다.

작은 바늘구멍이 하나, 그 민족이 따라 말했다.

그 바늘구멍을 통해 빛이 들어와 반대쪽 벽을 때리지.

그 민족은 이사야를 쳐다보고 있었다, 지루해하면서도
　매혹된 채로.

너희들은 그 바늘구멍 앞에서 원하는 무엇이든 들고는,
　이사야는 말했다,
반대쪽 벽에서 그걸 숭배할 수 있다.

왜 이미지를 숭배하는 것입니까? 그 민족이 물었다.

내 말이 그 말이야, 이사야가 말했다.

그 민족은 그 말을 잠시 곱씹었다.

그러더니 그 비범한 민족은 큰 목소리로 말했다.

그럼 이사야 당신의 바늘구멍은 어떻습니까?

아, 이사야는 말했다.

풀잎 위로 순수한 열기가 내리듯, 추억이 그를 훑고 지나
　갔다,

이사야는 나뭇가지 아래서 신과 이야기를 나누던 옛 시
　　절을 떠올렸고

혁명이 일어난 날에 버려진 집에서 깨어난 늙은 집사처럼

이사야는 고개를 떨구었다.

무거운 짐이 이사야에게 지워져 있었다.

이사야는 입을 열었다.

이사야의 입에서 한숨이 흘러나왔고, 그 한숨은 점점 커
　　지더니 울부짖음으로 변했다.

울부짖음은 개울을 따라 내달려 개울 어귀에 이르더니

개울에서 낚시를 하는 어부들의 그물을 찢었고

가느다란 아마亞麻로 촘촘히 그물을 짜는 일꾼들을 어리
　　둥절하게 만들었고

그들의 결의를 꺾어버렸다.

울부짖음은 살해당한 인간들과 수확물과 전리품을 지나
  우르릉대며 굴러가더니

두 벽 사이의 배수로에서 멈춰 섰다.

그러고서 이사야는 자신의 입을 울부짖음에서 놓아줬다.

이사야는 젖꼭지에서 입을 뗐다.

이사야는 뒤돌아섰고, 이사야는 떠나버렸다.

이사야는 엉덩이를 깐 채 알몸에 맨발로 3년을 걸어다
  니며
민족의 얼굴에 먹칠을 했다.

당신은 그 나뭇가지가 마치 영혼처럼 하늘 아래 배회하
  는 모습을 밤새도록 볼 수 있었다.

III

이사야는 3년 동안 예지의 골짜기를 걸어다녔다.

그는 유리 외투를 걸친 채 사막들과 검은 겨울 아침들을
가로질렀다.

얼음같이 찬 태양은 자신을 쏘아보는 그의 눈초리에 눈
꺼풀을 내리깔았다.

신은 나서지 않았다.

이사야의 울부짖음이 떨어져나간 자리에는 이제 구멍이
나 있었다.

이사야가 걷는 동안, 이사야의 심장은 그 구멍 밖으로 계
속 쏟아지고 있었다.

어느 날 이사야는 걸음을 멈췄다.

이사야는 절단된 부위에 손을 얹었다.

이사야의 심장은 작지만 어떤 면에서는 성스럽군, 이사
　야는 말했다, 내가 살려내야겠어.

이사야는 수수와 똥으로 그 구멍을 틀어막았다.

신은 이사야가 심장을 살려내는 모습을 지켜보았다.

신은 올리브나무처럼 떨고 있었다.

기회는 지금뿐, 신은 속삭였다.

신은 아래로 손을 뻗어 사막을 걷고 있는 이사야의 발 앞
　에 선을 그었다.

침묵이 시작되었다.

으르렁거리며 이사야의 귓속 관을 따라가던 침묵이 뇌에
　이르렀다.

이사야는 침묵에 귀기울이고 있었다.

이사야는 그 침묵의 저 먼 아래로부터 또다른 소리를 들을 수 있었다.

일종의 울림.

깨어나라 이사야여! 이사야의 등뒤에서 신이 말했다.

이사야는 화들짝 놀라며 몸을 휙 돌렸다.

깨어나서 신을 찬미하라! 어슴푸레하게 미소 지으며 신이 말했다.

이사야는 침을 뱉었다.

신은 재빨리 머리를 굴렸다.

민족이 불타고 있다! 신은 사막 저편을 가리키며 울부짖었다.

이사야는 쳐다봤다.

온 세상 창문이 열린 채로 흔들리고 있었다.

창문 하나하나에서 이사야는 불길과도 같은 움직임을
　봤다.

그는 불길 뒤로 굳게 잠긴 강철 울타리를 봤다.

불길과 울타리 사이에는 사슴 한 마리가 갇혀 있었다.

이사야는 민족의 사슴의 등이 전부 불타고 있는 걸 봤다.

깜짝 놀란 사슴은 돌고 돌고 또 돌았다,

제 그림자가 마치 녹아내린 날개처럼 발과 뒤엉킬 때까지.

이사야는 양손을 뻗었고, 양손은 새벽을 배경으로 확 타
　올랐다.

가련한 것! 이사야는 말했다.

그대의 민족은 이사야 그대를 필요로 한다, 신은 말했다.

육신은 허물어집니다, 이사야가 대답했다. 모두가 허물
    어질 거예요. 우리가 할 수 있는 일은 없습니다.

이사야여 내 그대에게 말하노니, 그대는 그대의 민족을
    구할 수 있다.

바람이 일고 있었다, 신은 외치고 있었다.

그대는 그걸 무너뜨릴 수 있나니, 철조망부터 다시 시작
    할 수 있나니, 사자를 이용하라! 천둥을 이용하라! 그대
    눈에 보이는 것을 이용하라 —

이사야는 신의 얼굴 위로 땀과 눈물이 흘러내리는 걸 바
    라보고 있었다.

좋습니다, 이사야가 말했다, 그럼 제 민족을 구하겠습니
    다. 당신은 무얼 하실 겁니까?

신은 거친 숨을 내쉬었다.

나는 불을 구하마, 신이 말했다.

그리하여 계약은 지속되었다.

IV

이사야가 사막에서 돌아왔을 때는 수백 년이 흐른 뒤였다.

이사야에게 남은 거라곤 넓은 이마뿐이었다.

넓은 이마는 자신의 민족 사이를 전전하며 사람들에게
    말을 걸었고, 그들은 펄쩍 뛰며
도망을 쳤다.

만일 그 민족이 이사야를 법정에 세웠더라면 그는 자신
    의 정의로움을 증명할 수 있었을 것이다.

하지만 그들은 몰래 모여 그를 쫓아내기 위한 투표를 실
    시했다.

양치기들! 선민選民들! 깡마른 개들! 개자식들! 이런 야경
    꾼들 같으니라고! 이사야가 말했다.

이사야는 나뭇가지 아래로 물러났다.

새파란 겨울 저녁이었고, 철조망처럼 모진 추위였다.

이사야는 땅바닥에 이마를 갖다댔다.

신이 도착했다.

왜 정의로운 자가 고통을 받는 겁니까? 이사야가 말했다.

웅웅거리는 추위가 나뭇가지를 씻어내렸다.

신이 이사야에게 말을 걸면서 여성형 단수 동사를 사용
  할 때마다 감탄할 만한 일이 벌어지려 한다는 사실에
주목해보라.

이사야여 그대는 여자에 대해 뭘 알고 있는가? 신이 물
  었다.

이사야의 콧구멍 아래에서 여자와 관련된 단어들이 뿜어
  져나왔다:

홍조. 악취. 마누라. 무화과.[2] 마녀 ―

신은 고개를 끄덕였다.

이사야여 집에 가서 좀 자두도록 하여라, 신이 말했다.

이사야는 집에 갔고, 잠을 잤고, 다시 깨어났다.

이사야는 목 아래로 어떤 감각을 느꼈다, 비단처럼 부드
    럽고 쓰라린 감각을.

이사야는 아래를 내려다봤다.

젖꼭지를 뚫고 젖이 흘러나오고 있었다.

이사야의 정신은 더없이 말짱했다.

나는 너와 함께 있지 않다 나는 네 안에 있다, 신이 어슴
    푸레하고 새하얀 목소리로 말했다.

───────────────

2 서양권에서 무화과는 여성의 성기를 은유하기도 한다.

이사야는 털썩 무릎을 꿇었다.

새로운 고통이군! 이사야가 말했다.

새로운 계약이지! 신은 말했다.

이사야가 두 팔을 들어올렸고, 그의 유방에서 젖이 쏟아
져 흘렀다.

이사야는 젖이 줄줄 쏟아지는 걸 지켜보았다.

그것은 나뭇가지 위로 차오르더니 역사를 가로질러 사람
들의 생명과 시간 속으로 흘러내렸다.

젖은 이사야로 하여금 정의로움을 잊게 했다.

작은 새들과 동물들에게 젖을 먹이면서, 이사야는 오로
지 그들의 작은 입술만을 생각했다.

그러는 동안 신은 남성과 여성에 대해 계속 생각했다.

어쨌거나 정의로움에 해당하는 단어는 두 개가 있고, 이

사야가 이 견고한 매듭을 스스로 풀 수 있을 리는
만무하다.

우선은 남성형 단어 TSDQ가 있다, 오크나무를 둘로 쪼
개는 정의의 날벼락.

그러면 목재의 텅 빈 근육 안에 버섯과 구더기와 원숭이
들이
터전을 잡는다:

이것이 (여성형인) TSDQH.[3]

신은 이 두 단어를 이사야의 양 손바닥에 새긴다.

신은 그쯤 해두기로 했다.

그리고 비록 그뒤로도 이사야의 예언에 고자의 성기와 발
목으로 잘랑잘랑 소리를 내는 여자의 불명예가 등장하
는 것은

---

3 TSDQ와 TSDQH는 '정의로움'을 뜻하는 고대 히브리어 단어의 남성형과 여성
형을 각각 로마자로 전사한 것이다. 차례로 '체테크' '체테카'로 읽는다.

사실이지만.[4]

그리고 비록 이사야 자신이 부인을 몇몇 거느리고 서자
하나를 둔 것은 사실이지만.

여전히 어떤 밤은 그의 꿈속에 젖의 강을 흘려보냈다.

은빛 강, 연민의 강.

그는 잠을 잤고, 정원의 과꽃들은 어둠 속으로 붉은 천둥
을 풀어놓았다,

---

4 『이사야서』 56장 3~4절에 고자에 관한 내용이, 3장 16~26절에 발목으로 소리를
내는 여성들에 관한 내용이 나온다.

소리의 성별

우리가 어떤 이들을 두고 제정신이거나 미쳤다고, 남성이거나 여성이라고, 선하다고, 사악하다고, 신뢰할 만하다고, 우울하다고, 결혼 상대로 적당하다고, 다 죽어간다고, 우리와 전쟁을 벌일 것 같거나 벌일 것 같지 않다고, 짐승보다는 조금 낫다고, 신의 영감을 받았다고 판단하는 것은 대부분 그들이 내는 소리에 기인한다. 이러한 판단은 재빨리 일어나며 무자비할 수 있다. 아리스토텔레스는 용감하거나 정의로운 생명체들(사자, 황소, 수탉, 그리고 남자)은 크고도 깊은 목소리를 지니고 있다며, 여성이 내는 고음의 목소리는 여성의 사악한 기질을 드러내는 한 증거라고 말한다.[1] 만일 부드럽거나 고음의 목소리로 말하는 남자가 있다면 그는 분명 키나이도스 *kinaidos*(미동美童)다.[2] 시인 아리스토파네스는 자신의 작품 『여인들의 민회民會』에서 이러한 클리셰를 우스꽝스럽게 비튼다. 아테네의 여인들이 아테네 민회에 잠입해서 정치체제를 장악하려 하는 순간, 페미니스트 리더인 프락사고라는 자신들이 이 과업을 달성하기에 딱 맞는 목소리를 지녔다며 동료 여성 활동가들의 사기를 북돋운다. 왜냐하면 그녀가 말하듯이, "젊은 남자들 중에서 가장 많이 대준 남자들은 결국 말에 뛰어난 이들"*이기 때문이다.[3]

이 농담은 소리를 만들어내는 것의 다른 두 측면, 즉 목소리의 질質과 목소리의 사용을 구분하지 않은 데서 성립한다. 우리는 고대인들이 성별이라는 일반 규정에 의거하여 이 두 측면을 연관짓고자 부단히 애쓰는 모습을 보게 될 것이다. 높은 음조는 수다스러움과 결부되면서, 자제력이라는 남성적 이상에서 벗어나거나 그것을 결여한 사람의 특징이 된다. 여성, 미동, 고자, 남녀추니가 이 부류에 속한다. 그들이 내는 소리는 귀에 거슬리고 남성을 불편하게 만든다. 그 불편함이 얼마나 컸는지는 아리스토텔레스가 소리의 성별을 관상학적으로 설명하는 데 기꺼이 긴 분량을 할애했다는 데서 쉽게 가늠해볼 수 있는데, 결국 그는 남성의 음조가 낮은 이유를 고환이 베틀의 추처럼 기능함으로써 성대에 가해지는 팽팽함 덕으로 돌린다.[4] 그리스로마 시대에 의사들은 남성이 앓는

---

* '가장 많이 대준 남자들'이란 곧 정치인들을 가리킨다. 당시 그리스에서는 동성애자의 상대가 되어주는 것이 정치에 입문하는 가장 빠른 방법 중 하나였다. '말에 뛰어난 이들'로 옮긴 'terrific talkers'에는 '말이 많은 이들'과 '말을 잘하는 이들'이라는 이중적 의미가 담겨 있다.

온갖 종류의 육체적·정신적 질병의 치료법으로 발성 연습을 추천했다. 이러한 치료법은 웅변술 연습이 뇌충혈을 완화해주고 남자들이 고음을 내거나 크게 소리를 지르거나 목적 없는 대화를 위해 목소리를 사용함으로써 습관적으로 스스로에게 가하는 손상을 바로잡아준다는 이론에 기초한 것이었다. 우리는 여기서 또다시 목소리의 질과 목소리의 사용 사이의 혼동을 목격한다. 이 치료법은 여성이나 고자 혹은 남녀추니에게는 보통 추천되지 않았다. 그들은 잘못된 종류의 신체를 지니고 있고 신체의 구멍들도 잘못 배열되어 있어서 낮은 음조의 소리는 아무리 열심히 연습해도 낼 수 없다고 여겨졌기 때문이다. 하지만 남성적 체격의 사람에게는 발성 연습이 목소리를 남자다운 어조로 적절히 낮춰줌으로써 육체와 정신을 회복시키는 효과적 방법이라고 여겨졌다.[5] 나에게는 라디오 저널리스트 친구가 한 명 있는데, 그는 목소리의 질에 대한 이런 가정들이 여전히 유효하다고 확신했다. 그는 남성이고 게이다. 그는 라디오 업계에서의 처음 몇 년을, 자신의 목소리를 더 깊고 어둡게 낮추려는 PD들의 시도를 막아내며 보냈다. 그들은 그의 목소리가 "미소를 지나치게 많이 품고 있다"고 말했다. 여성 공인들 가운데 자신의 목소리가 남들의 존경심을 불러일으키기에는 너무 높다거나 너무 가볍다거나 너무 날카롭다며 격정하지 않는 사람은 극히 소수다. 마거릿 대처는 다른 훌륭하신 의원님들의 목소리에 더욱 근접한 목소리를 내기 위해 발성 지도사와 함께 수년간 연습을 했음에도 암탉 아틸라*라는 별명을 얻었다.[6] 이 암탉의 비유는 1919년 영국의 첫 여성 하원의원이 된 낸시 애스터를 둘러싼 당시 여론까지 거슬러올라간다. 동료 의원 헨리 채넌 경은 그녀를 두고서 "따뜻한 마음과 독창성과 무례함이 기묘하게 섞인 (…) 그녀는 목 잘린 암탉처럼 이리저리 뛰어다녔고 (…) 피 냄새를 풍기는 음모를 꾸미고 그것을 즐기는 (…) 정신 나간 마녀"라고 말했다.[7] 광기와 마법과 야수성은 고대뿐만 아니라 현대적 맥락에서도 공공에서의 여성의 목소리와 흔히 결부되는 조건들이다. 고대 그리스로마의 신화, 문학, 종교 의식에 등장하는 얼마나 많은 여성 유명 인사들이 목소리의 사용 방식 때문에 불쾌한 존재가 되고 말았는지 한번 생각해보라. 이를테면 간담을 서늘하게 하는 고르곤의 신음소리를 예로 들 수 있는데, 고르곤이라는 이름은 산스크리트어 어근 *garg*** 에서 파생한 것으로 이는 "목 뒷부분에서 크게 넓힌 입

---

* 아틸라는 5세기 훈족의 왕으로, 동로마와 서로마를 침공하는 등 훈족의 전성기를 이끌며 당시 유럽인들에게 공포의 대상이 되었다. '암탉 아틸라'는 'Attila the Hun'을 'Attila The Hen'으로 바꾼 말장난이다.

** 정확한 표기법은 *garj*다.

을 통해 세계 내뿜는, 울부짖는 듯한 짐승의 후두음"을 의미한다.[8] 아이스퀼로스가 그 목소리를 울부짖는 개들과 지옥에서 고문당하는 사람들의 그것에 비유한 복수의 세 여신도 있다(『에우메니데스』).[9] 세이렌의 치명적인 목소리와 헬레네의 위험한 복화술(『오뒷세이아』)[10], 카산드라의 믿어지지 않을 만큼 놀라운 수다(아이스퀼로스, 『아가멤논』)[11], 숲을 뚫고 달려가는 아르테미스의 무시무시한 아우성(「아프로디테에게 바치는 호메로스 찬가」)도 있다.[12] 아프로디테의 밀어蜜語도 있는데, 그 밀어는 그녀의 힘이 지닌 너무나도 구체적인 면모라서 그녀는 그것을 물건처럼 띠에 담아서 다른 여자들에게 빌려줄 수도 있을 정도다(『일리아스』).[13] 엘레우시스 전설에는 음란한 말을 날카롭게 내뱉고 머리 위로 치마를 들어 올려 생식기를 노출하는 노파 이암베가 등장하기도 한다.[14] 소포클레스가 "입에 문이 달려 있지 않은 소녀"라고 말한 님프 에코(아테네 전설에서는 이암베의 딸)의 수다스러운 메아리도 있다(『필록테테스』).[15]

여성의 입에 문을 다는 것은 고대로부터 오늘날에 이르기까지 가부장적 문화의 중요한 과제였다. 주된 전략은 여성적 소리를 기괴하고 흉물스러운 것, 무질서, 죽음과 이념적으로 결부 짓는 것이다. 거트루드 스타인의 전기 작가 중 한 명이 그녀의 소리에 대해 묘사한 다음 문장을 생각해보라.

거트루드는 쾌활했다. 그녀는 큰 소리로 웃으며
고함을 치곤 했다. 그녀의 웃음소리는 비프스테이
크 같았다. 그녀는 소고기를 좋아했다.[16]

내가 보기에, 사실적 차원과 비유적 차원을 교묘히 뒤
섞는 이 문장들에서는 순수한 두려움의 냄새가 훅 풍겨
오는 듯하다. 그것은 거트루드 스타인을 여자와 인간과
동물의 경계 너머 기괴하고 흉물스러운 존재의 영역으로
투사해버리는 두려움이다. 거트루드 스타인을 소와 동일
시하는 직유가 담긴 문장 "그녀의 웃음소리는 비프스테
이크 같았다" 바로 뒤에 거트루드 스타인이 소를 먹었음
을 말해주는 진술 "그녀는 소고기를 좋아했다"가 이어진
다. 자기 종족을 먹는 생명체들은 보통 식인종으로 불리
며 비정상으로 여겨진다. 그녀의 산문을 어떻게 이해해
야 좋을지 모르던 비평가들, 전기 작가들, 저널리스트들
은 거트루드 스타인의 또다른 비정상적 특징들, 특히 커
다란 몸집과 동성애적 기질을 끊임없이 강조했다. 만일
누군가가 뚱뚱하고 괴상하게 생겼고 성도착 증세를 보인
다면 그 사람은 분명 별 재능이 없을 것이라는 게 그 바탕
에 깔린 억측이다.

거트루드 스타인을 가장 두려워했던 문학계의 가부장 중 한 명이 어니스트 헤밍웨이였다. 거트루드 스타인의 목소리를 견딜 수 없었기 때문에 그녀와 절교하게 되었다며 그가 들려주는 이야기는 흥미롭다. 이야기의 배경은 파리다. 헤밍웨이는 오도 가도 못하게 된 이국 문화의 틈바구니에서 결국 스스로 살아나갈 수 없다는 사실을 막 깨닫게 된, 환멸에 빠진 외부인의 관점에서 그 이야기를 들려준다. 1924년의 어느 봄날, 헤밍웨이는 거트루드 스타인을 방문했고 가정부는 그에게 들어오라고 한다.

내가 초인종을 누르기도 전에 가정부가 문을 열더니 들어와서 기다리라고 말했다. 스타인 여사가 곧 내려올 거라면서 말이다. 정오도 안 된 시간이었지만 가정부는 오드비 *Eau de vie* 한 잔을 따라 내게 건네주고는 유쾌하게 윙크를 했다. 그 무색의 술은 기분 좋게 혀를 감쌌고, 남들이 하는 말은 단 한 번도, 그 어디서도 엿들어본 적 없는 내 귓가에 누군가가 스타인 여사에게 이야기하는 소리가 들려왔을 때도 그 술은 여전히 입안에 남아 있었다. 이윽고 애원하고 간청하는 스타인 여사의 목소리가 들려왔다. "그러지 마, 자기. 안 돼. 제발, 제발 그러지 마. 제발 그러지 마, 자기."

나는 술을 다 들이켜고 잔을 테이블에 내려놓고는 문 쪽으로 걸어가기 시작했다. 가정부가 나를 향해 손가락을 흔들며 속삭였다. "가지 마세요. 곧 내려오실 거예요."

"가야겠습니다." 나는 이렇게 말하고는 더는 그 소리를 듣지 않기 위해 자리를 떴지만 그 소리는 계속 들려왔고 듣지 않으려면 그곳을 떠나는 수밖에 없었다. 스타인 여사의 목소리는 귀에 거슬렸고 상대방의 대답은 그보다 더 거슬렸다. (…)

그녀와의 관계는 그렇게 끝이 났고, 그건 정말이지 어처구니없는 일이었다. (…) 그녀는 로마 황제를 닮아갔고 만일 당신이 로마 황제를 닮은 여자를 좋아하는 사람이라면 문제 될 것은 전혀 없었을 것이다. (…) 결국 우리 모두 혹은 대부분은 고루하거나 젠체하는 사람이 되지 않기 위해 그녀와 다시 친구가 되었다. 하지만 나는 마음으로든 머리로든 그녀와 다시는 진정한 친구가 될 수 없었다. 누군가와 더이상 머리로 친구가 될 수 없다는 것은 정말 최악이다. 하지만 문제는 그것보다 더 복잡했다.[17]

확실히 문제는 그것보다 더 복잡하다. 여성의 목소리에 맞서는 한 남자에 대한 또다른 짤막한 글을 고찰하는 동안 어니스트 헤밍웨이와 거트루드 스타인을 계속 염두에 두다면, 그렇다는 걸 알게 될 것이다. 이것은 기원전 7세기의 글이다. 고대 시인인 레스보스섬의 알카이오스가 쓴 서정시 단편이다. 어니스트 헤밍웨이와 마찬가지로, 알카이오스는 외부인이었다. 그는 정치적 내란으로 인해 고향인 뮈틸레네에서 추방됐었고, 그의 시는 추방된 자의 외롭고 의기소침한 비가다. 헤밍웨이와 마찬가지로, 알카이오스는 고급문화의 대기실에서 오도 가도 못한 채 옆방에서 들려오는 여자들의 불쾌한 소음에 시달리는 한 남자의 이미지를 통해 자신이 느끼는 소외감을 전형적으로 보여준다.

(…) 가련하게도 나는
황무지를 운명으로 살아가네.
민회가 소집되는 소리가 들려오기만을
바라면서, 오 아게실라이다스여,
그리고 원로회의도.
내 아버지와 아버지의 아버지가
나이들어가며 즐기던 것—
서로를 모욕하는 이 시민들 가운데서—
이로부터 나는 추방되었다

오노마클레스처럼, 세상의 가장 변방으로 쫓겨난
　추방자가 되어
늑대들이 사는 덤불인 이곳에
온전히 혼자서 나는 내 가정을 꾸렸다. (…)

(…) 나는 두 발을 악의 바깥에 놓아둔 채 살아간
　다,

미인 대회에 참가한 레스보스섬의 여자들이
질질 끌리는 옷을 입은 채 이리저리 오가며
매년 끔찍한 목소리로 질러대는 비명(올롤뤼가
　스*ololygas*)의 비현실적인 메아리가
온 사방에 울려대는 이곳에서. (…)

　　　ἀγνοις . . σβιότοις . . ις ὁ τάλαις ἔγω
　　　ζώω μοῖραν ἔχων ἀγροϊωτίκαν
　　　ἰμέρρων ἀγορας ἄκουσαι
4　　καρυ[ζο]μένας ὦ (᾿Α)γεσιλαῖδα

　　　καὶ β[ό]λλας· τὰ πάτηρ καὶ πάτερος πάτηρ
　　　κα⟨γ⟩γ[ε]γήρασ᾿ ἔχοντες πεδὰ τωνδέων
　　　τὼν [ἀ]λλαλοκάκων πολίταν

8   ἔγ[ω . ἀ]πὺ τούτων ἀπελήλαμαι

φεύγων ἐσχατίαισ᾽, ὠς δ᾽ Ὀνυμακλέης
ἔνθα[δ᾽] οἶος ἐοίκησα λυκαιμίαις
. [   ]ον [π]όλεμον· στάσιν γὰρ
12   πρὸς κρ . [. . . .] . οὐκ †ἄμεινον† ὀννέλην·

.] . [. . .] . [. .] . μακάρων ἐς τέμ[ε]νος θέων
ἐοι[. . . . .] με[λ]αίνας ἐπίβαις χθόνος
χλι . [.] . [.] . [.]ν συνόδοισί μ᾽ αὔταις
16   οἴκημι κ[ά]κων ἔκτος ἔχων πόδας,

ὄππαι Λ[εσβί]αδες κριννόμεναι φύαν
πώλεντ᾽ ἐλκεσίπεπλοι, περὶ δὲ βρέμει
ἄχω θεσπεσία γυναίκων
20   ἴρα[ς ὀ]λολύγας ἐνιαυσίας. . . .[18]

이 시는 극단적 외로움에 대한 시로, 알카이오스는 모순어법을 사용해 이를 강조하고 있다. 그는 "온전히 혼자서(오이오스*oios*) 나는 내 가정을 꾸렸다(에오이케사 *eoikesa*)"라고 (원문의 10행에서) 말하지만, 이러한 표현은 기원전 7세기 사람들에게는 거의 이해되지 않았을 것이다. 이 동사(에오이케사)는 명사 오이코스*oikos*에서 만들어진 것이고, 오이코스는 폴리스*polis* 내의 한 가족의 삶을 구성하는 공간, 물건, 친척, 하인, 동물, 의례, 감정이 서로 얽혀 있는 집합체 전체를 의미한다. 한 인간은 온전히 혼자서는 오이코스를 구성해낼 수 없다.

알카이오스의 모순어법적 상황은 그를 둘러싼 생명체들의 종에 의해 더욱 강화된다. 늑대들과 여자들이 '아버지들의 아버지들'을 대신하고 있다. 그리스 시詩에서 늑대는 관습적으로 주변적 존재를 상징한다. 늑대는 무법자다. 녀석은 폴리스라고 표시된 유용한 경작지 및 거주지의 경계 너머, 아무도 살지 않는 텅 빈 땅인 토 아페이론*to apeiron*(무한한 곳)에 산다. 고대인들이 보기에, 여자들은 이러한 영역을 정신적·형이상학적으로 공유한다. 그들은 가공되지 않고 형체가 없으며 문명으로 이끄는 남자의 손길을 필요로 하는 그 모든 것에 '천부적인' 여성적 친연성을 지니고 있기 때문이다. 그래서 이를테면 아리스토텔레스가 피타고라스 학파의 반의어 목록이라는 이름으로 인용한 기록에서, 우리는 굽음, 어두움, 은밀함, 악, 운동, 비자족적 무한 등의 속성이 암雌과 함께 있는 한편, 그와 반대되는 속성인 곧음, 밝음, 솔직함, 선, 안정, 자족적 유한 등은 수雄와 함께 있는 것을 볼 수 있다(아리스토텔레스, 『형이상학』).[19]

이러한 대립이나 그것들의 위계화가 생소하게 들리지는 않을 것이다. 지난 10년 내지 15년 동안 고전 사학자들과 페미니스트들이, 여자는 남자와 다른 종에 속한다는 확신을 낳은 고전 그리스 사상가들의 다양한 논의들을 성문화해왔으니 말이다. 하지만 여성의 극단적 타자성이 알카이오스에게, 또한 어니스트 헤밍웨이에게 남자의 귀에 거슬리는 여자의 목소리라는 방식으로 경험된다는 사실은 흥미롭다. 왜 여자들의 목소리는 귀에 거슬리는 것일까? 알카이오스가 듣는 소리는 레스보스섬의 여성들이 미인 대회를 열면서 공중에 크게 쩌렁쩌렁 외쳐대는 목소리다. 레스보스섬 여성들의 이 미인 대회는 『일리아스』주석서들에 실린 내용을 통해 우리에게 알려져 있는데, 그것에 따르면 이 대회는 아마도 헤라를 기리며 열린 연례행사였을 것이다. 알카이오스는 그들이 내는 엄청난 수준의 소음에 대해 언급하기 위해 미인 대회를 거론하고, 그럼으로써 자신의 시를 원환 구조*로 만들어간다. 그 시는 합리적으로 해결되어야 하는 시정 관련 안건을 위해 남성 시민들을 민회와 원로회의로 소집하는 전령의 세련되고 정연한 목소리와 함께 시작된다.

---

* 앞부분과 뒷부분이 대등한 위치에서 상응하는 구조로, 고대 구전 전통에서 흔히 사용하던 수사법의 일종.

시는 늑대들이 사는 덤불에서 여성들이 내지르는 날카로운 비명이 남긴 비현실적 메아리와 함께 끝이 난다. 게다가 여성들이 내지르는 비명은 특별한 종류의 비명인 올롤뤼가*ololyga*이다. 이는 여성들 특유의 의례적 외침이다.[20] 그것은 의례 행위에서의 어떤 절정의 순간(이를테면 희생 제의 도중에 제물의 목이 잘리는 순간)이나 실생활에서의 절정의 순간(이를테면 아이의 출생)에 튀어나오는 귀를 찢을 듯이 높고 날카로운 외침이며, 여성들의 행사에서 흔히 볼 수 있는 특징이기도 하다. 올롤뤼가는 같은 어원을 지닌 동사 올롤뤼조*ololyzo*와 동일한 단어군에 속하는데, 여기에는 엘렐레우*eleleu*와 그것과 같은 어원을 지닌 동사 엘렐리조*elelizo*, 그리고 알랄라*alala*와 그것과 같은 어원을 지닌 동사 알랄라조*alalazo*도 포함되며, 이것들은 아마도 인도유럽어족에 속할 것이고 분명 의성어적 어원을 지닐 것이다.[21] 이 단어들은 그것들이 지닌 소리 외에는 아무것도 의미하지 않는다. 그 소리는 강렬한 기쁨 또는 강렬한 고통으로 인한 외침을 의미할 뿐이다.[22] 그러한 외침을 내뱉는 것은 특화된 여성적 기능이다. 자신이 올롤뤼가에 둘러싸여 있다는 걸 알았을 때, 알카이오스는 자신이 완전히 그리고 진정으로 경계 밖으로 벗어나 있다고 말한다. 어떤 남자도 그런 소리를 내진 않을 것이다. 어떤 제대로 된 시민 공간도 그것을 규제하지 않은 채

내버려두진 않을 것이다. 의례에서 그러한 외침이 들려오는 여성 축제들은 일반적으로 도시의 경계 내에서 열리도록 허용되지 않았고, 대신 남자들의 귀나 시민 공간을 오염시키지 않고 흥겹게 놀 수 있는 산, 해변이나 집의 옥상 같은 주변적 공간으로 밀쳐졌다. 그러한 소리에 노출된다는 것은 알카이오스에게 자신의 원형적 존재인 오뒷세우스가 처한 상황만큼이나 위급한 정치적 무방비 상태에 처하는 것과 마찬가지다. 호메로스의 『오뒷세이아』 6권에서, 오뒷세우스는 파이아케스족이 사는 섬의 덤불 속에서 알몸으로 깨어나 여자들의 날카로운 외침에 둘러싸인다. "주위에서 들려오는 이 시끌벅적한 여자들 소리는 무엇인가!" 오뒷세우스는 이렇게 외치며[23] 대체 어떤 야만인이나 초자연적 존재가 그런 소음을 낼 수 있는 건지 궁금해한다. 물론 그 야만인들은 강기슭에서 공놀이를 하고 있는 나우시카아와 그녀의 여성 친구들로 밝혀진다. 하지만 이 대목에서 흥미로운 사실은 오뒷세우스가 무질서한 여성들의 소리를 너무도 자연히 야생의 공간, 야만성, 초자연성과 연관지어 생각했다는 점이다. 호메로스는 곧 나우시카아와 그녀의 친구들을 산을 돌아다니는 거친 소녀들에 비유하는데, 이들이 받드는 대상은 내지르는 소리로 악명 높은 여신 아르테미스다[24] — 어디까지나 호메로스가 붙인 별칭으로 판단한다면. 아르테

263

미스는 켈라데이네*keladeine*로 불리는데, 이 단어는 바람이나 세찬 물이나 소란스러운 전투에서 들려오는 시끄러운 굉음 등을 의미하는 명사 켈라도스*kelados*에서 파생된 것이다. 아르테미스는 또한 이오케아이라*iocheaira*로 불리기도 한다. 이 단어는 보통 어원상 (이오스*ios*가 화살을 의미하므로) '화살을 쏘아대는 여자'로 해석되기도 하지만, 그냥 감탄사 이오*io*에서 온 것으로 봐서 '이오! 하고 외쳐대는 여자'로 해석할 수도 있다.[25)]

고대와 고전주의 시기의 그리스 여자들이 폴리스의 시민 공간 내부 또는 남자들이 들을 수 있는 범위 내에서 어떤 종류의 통제되지 않은 외침을 내지르는 행위는 권장되지 않았다. 언어의 절제는 남성적 덕목인 소프로쉬네*sophrosyne*('신중, 건전, 온건, 절제, 자제')의 본질적 특징으로, 윤리적이거나 정서적인 사안들에 대한 대부분의 가부장적 사고를 체계화한다. 하나의 종으로서의 여성은 소프로쉬네라는 질서 원리를 결여하고 있다고 말해지곤 한다. 프로이트는 동료에게 한 발언에서 간단히 이중 잣대를 만들어낸다. "생각하는 남자는 자기 자신의 입법자이자 고해 신부이며, 스스로 자신에 대한 용서를 이끌어 낸다네. 하지만 여자는 (⋯) 스스로의 내면에 윤리적 기준을 지니고 있지 않아. 여자는 도덕의 한계를 벗어나지 않는 한에서, 사회가 적절하다고 규정한 것에 따라 행위

할 수 있을 뿐이지."²⁶⁾ 소프로쉬네라는 덕목에 대한 고대의 논의들 또한 이 단어가 여자들에게 적용될 때, 남자들에게 적용될 때와는 다르게 정의되고 있음을 분명히 보여준다.²⁷⁾ 여성적 소프로쉬네는 남성의 명령에 대한 여성적 순종과 동연同延 관계에 있으며 육체적 순결 이상을 의미할 때가 드물다. 남편이 부인이나 첩에게 소프로쉬네를 권한다면 이는 "조용히 해!"를 의미할 가능성이 크다.²⁸⁾ 잘못된 것을 말하느니 차라리 자신의 혀를 물어 잘라버린 피타고라스 학파의 여걸 티뮈케는 여성적 원칙의 예외로서 칭송받는다.²⁹⁾ 대개 고전문학에 등장하는 여자들은 무질서하고 제어되지 않은 소리 — 날카로운 외침, 울부짖음, 흐느낌, 새된 목소리로 하는 애도, 큰 웃음소리, 고통이나 기쁨의 외침, 원초적 감정 일반의 분출 — 를 내뱉는 종으로 그려지는 경향이 있다. 에우리피데스가 말하듯, "현재 느끼는 감정을 늘 입으로 올려보내 혀를 통해 입 밖으로 내보내는 일은 여자들의 타고난 기쁨이니까"(『안드로마케』).³⁰⁾ 현재 느끼는 감정을 입으로 올려보내 혀를 통해 입 밖으로 내보내는 남자는, 그렇게 함으로써 여성화된다. 마치 『트라키스 여인들』의 끝부분에서 헤라클레스가 "예전에 나는 신음소리 한 번 내지 않고 어려운 길을 따라왔건만, 이제 나는 가련하게도 여자의 모습을 보이며 소녀처럼 흐느껴 울고 있구나"라며 고뇌하

265

듯이.[31]

제대로 된 소프로쉬네 상태에 있는 남자라면 스스로를 감정과 분리시켜 소리를 제어할 수 있어야 한다는 것은 성별에 대한 이 같은 고정관념의 기본 가정이다. 남자가 여자에게 지닌 적절한 시민적 책임은, 여자가 스스로 소리를 제어하지 못하는 한에 있어서 그 여자를 위해 소리를 제어해주는 것이라는 가정이 그로부터 필연적으로 따라온다. 우리는 호메로스의 『오뒷세이아』 22권에서 그러한 남성적 관대함이 간략하게 드러나는 순간을 본다. 식당에 들어온 노파 에우뤼클레이아가 죽은 구혼자들에게 피투성이가 된 채 둘러싸인 오뒷세우스의 모습을 보게 되는 장면이다. 에우뤼클레이아는 고개를 들고 입을 열어 올롤뤼가를 내뱉으려 한다. 이에 오뒷세우스는 손을 뻗어 그녀의 입을 막으며 말한다, 우 테미스*ou themis*.* "아직은 소리치면 안 됩니다. 마음속으로만 기뻐하세요. (…)"[32]

여자들의 입을 막는 일은 고전기 이전 및 고전 그리스 시대의 복잡하게 나열된 법률과 관습의 목적이었다. 문서로 기록된 대표적 예는 솔론의 사치 금지법이며, 그 핵심 개념은 소포클레스가 주장한 일반론인 "침묵은 여자

---

* '옳지 않습니다'라는 뜻.

들의 코스모스*kosmos*[훌륭한 질서]이다"일 것이다.[33] 기원전 6세기에 솔론에 의해 제정된 사치 금지법은, 플루타르코스의 말에 따르면 "여자들의 축제, 행진, 장례식에서 벌어지는 그들의 무질서하고 미개한 무절제 행위를 모두 금지"하기에 이르렀다.[34] 장례식에서 애도를 담당하는 것은 그리스 초창기부터 여자들의 주된 책무였다. 우리는 이미 호메로스의 『일리아스』에서 아킬레우스의 진영에 붙잡혀온 트로이아의 여성 포로들이 파트로클로스의 죽음을 애도하며 울길 강요받는 모습을 본다.[35] 그럼에도 솔론 같은 기원전 6세기와 5세기의 입법자들은 이러한 여성적 분출을 그 소리와 감정 표현적 측면에서 최소화하고자 애를 썼다.

입법자들이 사용하는 공식적 수사법은 교훈적이다. 그것은 나쁜 소리를 정치적 질병(노소스*nosos*)으로 비난하고 시민 공간에서 그러한 오염을 정화해야 하는 필요성을 말하는 경향이 있다. 소리 자체가 정화의 수단인 동시에 오염의 수단으로 여겨진다. 그래서 이를테면, 시칠리아 카타니아의 법을 제정한 입법자 카론다스는 법규 서두에 의례가 제공하는 공적 카타르시스*katharsis*를 언급했다. 이는 시민들의 육신에서 사악한 생각이나 범죄의 의도를 씻어내고 시민 공간이 이후 뒤따라올 합법적인 카타르시스에 대비할 수 있게끔 하는 주문의 형식을 띠었

다. 솔론과 마찬가지로, 카론다스는 자신의 법규를 통해
여성적 소음을 규제하길 바랐고 의례적인 장례식 애도로
관심을 돌렸다. (플루타르코스의 표현에 따르면) 이러한
"거칠고 야만적인 소리"가 "무질서와 방종"에 대한 자극
제[36]라는 근거하에, 여자들의 장례식 애도의 장소, 시간,
길이, 인원, 연출, 음악의 내용과 언어적 내용을 명시하는
법안들이 통과되었다. 여성적 소리는 광란 속에서 발생
하며 광란을 낳는다고 여겨졌다.

우리는 이러한 추론에서 모종의 순환 논리를 발견한
다. 만일 여자들의 공적 발언이 의례적 애도 같은 문화적
제도들에 영원히 에워싸이게 된다면, 만일 여자들이 올
롤뤼가 같은 비이성적 소리와 원초적 감정 일반을 표현
하는 일을 정기적으로 담당하게 된다면, 그렇다면 날카
롭게 외치고, 울부짖고, 눈물 흘리고, 감정을 표현하는 여
성의 소위 '타고난' 경향과 입을 통해 일으키는 무질서는
자기 충족적 예언*이 될 수밖에 없을 것이다. 하지만 이
추론에서 가장 기발한 것이 순환 논리는 아니다. 우리는
여성적 소리에 대해 남성이 느끼는 혐오의 밑바닥에 자
리한 이념을 좀더 자세히 들여다봐야 한다. 그리고 이 시
점에서 소리와 언어를 구별하는 게 중요해진다.

---

* 자신이 예언하고 기대하는 일이 실제로 현실에서 일어나는 현상.

가부장적 문화가 선호하는 인간 본성의 형식적 정의는 조음調音 능력에 기초하고 있기 때문이다. 아리스토텔레스가 말하듯, 모든 동물은 소리를 통해 기쁨이나 고통을 표현할 수 있다. 하지만 인간과 짐승, 문명과 야생을 구별해주는 것은 이성적으로 조음된 언어, 즉 로고스*logos*의 사용에 있다.[37] 그러한 인간성의 규정으로부터 인간의 로고스를 구성하는 엄격한 규칙들이 뒤따른다. 알렉산더 그레이엄 벨의 부인, 어린 시절에 청력을 잃었으며 독순법讀脣法은 알았지만 말은 그리 잘하지 못하던 여자가 알렉산더에게 수화를 가르쳐달라고 했을 때, 그는 이렇게 대답했다. "수화는 유해한 행위야. 언어에 통달할 수 있는 유일한 방법은 언어를 다른 어떤 언어로도 바꾸지 않은 채 생각의 상호 이해를 목적으로 사용하는 것뿐이니까."[38] 알렉산더 그레이엄 벨의 부인, 알렉산더가 전화기의 특허권을 얻은 바로 다음날 결혼한 그녀는 수화를 절대 배울 수 없었다. 다른 그 어떤 언어도.

수화의 어떤 부분이 그렇게 유해한 것일까? 알렉산더 그레이엄 벨과 같은 남편은, 고전 그리스시대의 가부장적 사회질서가 그러했듯이, 로고스라는 통제 지점을 통과하지 못하는 몸 안의 의미, 그리스인들이 소프로쉬네, 즉 자제라고 부른 분리 메커니즘의 지배를 벗어나는 의미를 몸 밖으로 옮겨 표현하는 것을 불편해하거나 비정상적으로 여기는 경향이 있다. 지크문트 프로이트는 여성 환자들에게서 나타나는 틱, 신경통, 경련, 마비, 식이 장애, 일시적 시력상실이 자신이 생각했을 때 여성의 몸 안에서 발생한 정신적 사건의 직접적인 신체적 전이로 해석되는 경우, 몸 밖으로의 이러한 바꿔 쓰기 과정에 '히스테리'라는 이름을 붙였다.[39] 프로이트는 이러한 히스테리 증상을 이성의 담론으로 되돌리는 것을 자신의 치료적 과업으로 여겼다.[40] 헤로도토스는 페다사의 아테나 신전 여사제에 대한 이야기를 들려주는데, 그 여사제는 공동체에 불운이 닥쳐오는 걸 느낄 때마다 말로 예언을 하는 대신 수염이 자랐다고 한다.[41] 헤로도토스는 이 여자의 예언적 몸이 보이는 '신체적 순응'(프로이트는 이렇게 부른다)에 어떠한 놀라움도 표하지 않고 그녀의 상태를 병리학적으로 여기지도 않는다. 하지만 헤로도토스는 현실적인 사람이었고, 역사적 대상에서 병리학적 측면을 발견해내는 것보다는 그 대상들의 '타자성'이 문화를 이롭게 하는 걸 기뻐하는 데 더 큰 관심을 보인 사람이었다. 그리고 이 일화는 고대 문명이 어떻게 여성의 '타자성'을 계속해서 구축해나갔는지를 강렬한 이미지로 보여준다. 여자는 안과 밖을 뒤집는 생명체다. 여성들은 온갖 종류의—신체적, 음성적, 감정적, 성적—투사와 누출을 통해 안에 머물러 있어야 할 것을 밖으로 드러내거나 쏟아낸다. 여성들은 우회적으로 표현해야 할 것을 마치 직역이라도 하듯 불쑥 내뱉는다. 피타고라스의 부인에 대해 전해지는 이야기가 있다. 한번은 그녀가 야외에서 한쪽 팔을 노출했는데, 누군가가 "팔이 멋지군요"라고 말했다. 그 말을 들은 그녀는 이렇게 대답했다. "공유재가 아니에요!" 플루타르코스는 이 이야기에 대해 이렇게 말한다. "고결한 여자의 팔은 공유재가 되어서는 안 되며, 그건 그녀의 말 또한 마찬가지다. 그녀는 옷이 벗겨지지 않도록 조심하듯, 목소리가 외부인에게 드러나지 않도록 조심해야 한다. 재잘재잘 떠드는 동안 목소리를 통해 감정, 성격과 몸 상태가 외부인에게 읽힐 수 있기 때문이다."[42] 플루타르코스가 말한 여자는 자신의 속사정을 드러내는, 수화처럼 기능하는 목소리를 자기도 모르는 사이에 가지게 되었다. 아리스토텔레스에서부터 초기 로마제국에 이르는 시기의 고대 생리학자들은 남자가 여자의 목소리를 들으면 그녀가 생리를 하는지 안 하는지, 성 경험이 있는지 없는지를 알 수 있다고 말한다.[43] 이러한 사실들이 알아두면 좋은 것들이긴 하지만, 귀에 거슬리거나 남자들을 불편하게 만들지도 모르겠다. 수화가 유해한 이유는 그것이 내부와 외부 사이에 직접적인 연속성을 부여해준다는 데 있다. 그러한 연속성은 남성적 본성에 혐오감을 불러일으킨다. 남성적 덕목인 소프로쉬네, 즉 절제는 이러한 연속성의 방해, 남자의 외면과 내면에서 일어나고 있는 일의 분리를 목표로 한다. 남자는 로고스의 개입을 통해 연속성을 깨뜨린다—그리고 그 로고스의 가장 중요한 검열관은 바로 이성적으로 조음된 소리다.

우리가 내는 모든 소리는 작은 자서전이다. 소리의 내면은 완전히 개인적인 것이지만 그것이 그리는 궤적은 공적이다. 외부로 투영된 한 조각의 내부. 그러한 투영의 검열은 (우리가 살펴봤듯이) 인간을 두 부류로 나누는 가부장적 문화의 과업인데, 그 부류란 이것이다. 스스로를 검열할 수 있는 인간과 그럴 수 없는 인간.

이러한 분류가 지닌 몇몇 함의들을 탐구하기 위해, 플루타르코스가 에세이 『수다에 관하여』에서 이 두 부류를 어떻게 표현하고 있는지 살펴보도록 하자.

여성이라는 부류가 소리를 어떻게 사용하는지에 대한 전형적인 예를 들기 위해, 플루타르코스는 정치가인 남편에게 시험을 당하는 아내의 이야기를 들려준다. 어느 이른 아침, 정치가는 말도 안 되는 이야기를 꾸며낸 다음 비밀이라며 아내에게 말해준다. 그는 아내에게 "이제 이 일에 대해서는 입 꾹 다물고 있으시오"라고 경고한다. 아내는 곧장 이 비밀을 하녀에게 말해준다. 아내는 하녀에게 "이제 이 일에 대해서는 입 꾹 다물고 있어야 해"라고 말하고, 하녀는 곧장 이 이야기를 마을 전체에 퍼뜨린다.

오전이 반도 지나기 전, 정치가는 자신이 들려준 이야기를 다시 자기 귀로 듣게 된다. 플루타르코스는 이 일화를 마무리지으며 말한다. "남편은 아내를 시험하기 위해 미리 예방책과 보호책을 세웠다. 그릇에 금이 가 있거나 구멍이 나 있는지를 시험하기 위해 올리브유나 포도주가 아닌 물을 부어보듯이."[44] 플루타르코스는 이 일화와 남성적 발화 행위에 대한 이야기를 서로 짝짓는다. 솔론의 친구인 아나카르시스에 대한 이야기다.

> 아나카르시스는 솔론과 식사를 마친 후 휴식을 취하고 있었는데, 그의 왼손은 사타구니를 누르고 있었고 그의 오른손은 입을 누르고 있었다. 혀에 더 강력한 통제가 필요하다고 믿었기 때문이다. 그리고 그는 옳았다. 성적 쾌락을 자제하지 못해 패가망신한 남자들을, 비밀 폭로로 멸망한 도시와 제국만큼 많이 늘어놓기란 쉬운 일이 아닐 것이다.[45]

고대 그리스 같은 사회에서 소리의 성별화가 지니는 함의를 평가하면서, 우리는 플루타르코스가 언어의 절제와 성욕의 절제, 입과 생식기 사이에 짓는 연관성을 진지하게 받아들여야 한다. 그 연관성이 남자와 여자의 경우에 매우 다른 것으로 나타나기 때문이다. 아나카르시스가 충동에 대응하기 위해 내면에서 이끌어내는 자기 검열이라는 남성적 덕목은 여성적 본성에는 전혀 존재하지 않는 것으로 나타난다. 플루타르코스는 그 글의 조금 뒷부분에서 완벽한 소프로쉬네는 아폴론 신의 속성이며, 아폴론의 별칭인 록시아스는 그가 말이 적고 간결한 표현을 하는 신이지, 말을 장황하게 늘어놓는 신이 아니라는 사실을 뜻한다는 것을 상기시켜준다.[46] 그런데 여자가 말을 장황하게 늘어놓을 때는 단순히 말을 낭비하는 것보다 훨씬 위태로운 상황이 벌어진다. 플루타르코스가 첫번째 일화를 마무리지으며 언급한 물 새는 항아리의 이미지는 고대 문학에서 여성의 섹슈얼리티를 표현하기 위해 사용하는 가장 흔한 비유 중 하나다.

이 표현(물이 새는 항아리로서의 여성적 섹슈얼리티)의 여러 방식과 맥락은 나를 포함한 다른 학자들에 의해 상세히 연구되어 왔으므로[47] 곧장 이 문제의 심장, 더 정확히는 입으로 들어가보도록 하자. 여자의 입이 두 개라는 사실은 고대 그리스와 로마의 의학 이론과 해부학적 논의에서 자명한 이치이다.[48] 음성적 행위가 일어나는 구멍과 성적 행위가 일어나는 구멍은 모두 그리스어 단어 스토마*stoma*(라틴어로는 오스*os*)로 지칭되고, 부사 아노*ano* 혹은 카토*kato*가 첨가됨으로써 위쪽 입과 아래쪽 입이 구분된다. 목소리를 내는 입과 생식기로서의 입은 모두 목(그리스어로는 아우켄*auchen*, 라틴어로는 케릭스*cervix*)을 통해 몸과 연결되어 있다. 두 입은, 닫혀 있는 게 최선인 입술들이 지키는 빈 구멍으로 들어가는 진입로 역할을 한다. 자궁이 제대로 기능하지 않는 경우, 고대의 의학서 저자들은 위쪽 입과 아래쪽 입에 동일한 병명을 부여할 뿐만 아니라 그것들을 동시에 치료하라고 적고 있다. 여러 시인들이나 고전 주석가들과 마찬가지로, 그들은 위쪽 입과 아래쪽 입 사이에 일어나는 생리학적 반응을 흥미롭게 바라본다. 이를테면 자궁에 혈액이 과도하게 몰리거나 자궁에서 혈액의 흐름이 막히는 현상은 목소리가 막히거나 상실되는 현상으로 나타날 것이고[49], 지나친 발성 연습은 생리가 멈추는 결과로 이어지며[50], 순결을 잃은 여자는 목청이 넓어지고 목소리가 깊어진다는 식으로 말이다.[51]

아이스퀼로스는 이피게네이아를 묘사하며 "아직 황소에게 공격당하지 않아서 크고 청순한 목소리로"라는 식으로 말한다(『아가멤논』).[52] 처음으로 성관계를 가진 여성의 변화된 목소리와 넓어진 목청은 아래쪽 입에 일어난 돌이킬 수 없는 변화가 위쪽으로 투영된 것이다. 일단 여자의 성생활이 시작되고 나면, 자궁의 입술은 다시는 완전히 닫히지 않게 된다 — 의학서 저자들이 설명하듯 한 경우의 예외를 제외하고는. 소라누스는 부인과에 대한 논문에서, 여자가 생산적인 성관계를 하는 동안 경험하는 감각들을 기술한다. 그리스 의사 소라누스의 주장에 따르면, 수정이 이루어지는 순간 여자는 전율과 함께 자궁의 입이 정자를 에워싸며 닫히는 걸 인지한다.[53] 이 닫힌 입, 그리고 그것이 지키려는 것이자 의미하는 바인 수정의 훌륭한 침묵은 위쪽 입에도 점잖음의 본보기가 된다. 자주 인용되는 소포클레스의 금언 "침묵은 여자들의 코스모스다"에는 고대부터 의학적으로 상응하는 이미지가 있는데, 그것은 여자들의 부적에서 볼 수 있는, 자궁의 입에 자물쇠가 채워져 있는 이미지다.

자물쇠가 채워지지 않은 입은 활짝 벌어져서 입에 담지 못할 말들을 쏟아낼 것이다. 그리스신화와 문학, 종교의식에는 그러한 여성적 외침*에 대한 문화적 불안의 흔적이 나타난다. 이를테면 메두사의 이야기에서, 페르세우스에게 머리가 잘린 메두사는 목으로 아들과 날개 달린 말**을 낳는다.[54] 틀림없이 그리스신화에서 가장 활동적인 여성일, 쉼없이 떠들어대는 님프 에코를 다시 예로 들 수도 있다. 소포클레스가 에코를 "입에 문이 달려 있지 않은 소녀"라고 부를 때, 우리는 그가 어떤 입을 말하

---

* ejaculation. 사정(射精)이라는 뜻도 있다.

** 페가수스를 가리킨다.

는 것인지 궁금해질 수밖에 없다. 그리스 전설은 결국 에코를 목신 판에게 시집보내버리는데, 판이라는 이름이 그녀가 살아 있는 모든 것들과 혼인했음을 암시하기에 더더욱 그렇다.*

또한 우리는 기이하고 다양하게 해석되는 종교적 관습인 아이스크롤로기아aischrologia에 대해서도 어느 정도 고려해볼 필요가 있다. 아이스크롤로기아는 '악담을 하다'라는 뜻이다. 여자들의 축제 중 어떤 것들은 중간 휴식 시간에 여자들이 서로에게 모욕적인 말이나 음란한 말, 야한 농담을 외치게 했다. 종교사학자들은 이 불쾌한 소리의 의식을 프레이저**류의 다산 기원 주술 또는 음탕하지만 쾌활한 익살, (발터 부르케르트의 말에 따르면) "성별 간의 대립을 강조함으로써 그것을 해소하는" 익살로 분류한다.[55] 하지만 이러한 의식에 남자들이 대개 환영받지 못했으며 그리스 전설에는 그러한 의식에 멋도 모르고 참여했다가 거세되거나 사지가 절단되거나 살해된 남자들이 있다며 경고하는 이야기들이 적잖이 포함되어 있다는 사실에는 여전히 변함이 없다.[56] 이 이야기들은 종교적 익살이라는 단조로운 표면의 이면에 성적 분노가 쌓

---

* 판(Pan)은 '범(汎)', 즉 모든 것을 뜻한다.

** 비교종교학의 고전으로 꼽히는 『황금가지』의 저자 제임스 프레이저를 가리킨다.

여 있음을 암시한다. 고대사회는 여자들이 그러한 불쾌한 기질과 원초적 감정을 물이 새지 않는 의례적 용기容器에 쏟아붓는 일을 반겼다. 여기서 사용된 전략은 카타르시스와 관련된 것으로, 이는 두 성별이 행하는 노동의 심리적 분할이라고 부를 만한 것에 기초한 것이다. 가짜 데모스테네스*가 코에스Choes라고 불리는 아테네 의례와 관련해서 한 언급이 이런 경우에 속한다고 할 수 있다. 코에스 의식은 디오니소스 축제의 일환으로 행해지는 안테스테리아 축제의 둘째 날에 열렸다.[57] 그 의식은 참가자들이 서로 경쟁하며 특대형 술통을 비우는 대회를 포함했고, 디오니소스 신과 공동체를 대표하는 여성 사이의 상징적인(혹은 그렇지 않을지도 모를) 성행위로 마무리됐다. 데모스테네스가 "그녀는 도시를 대신해서 입에 담지 못할 말들을 쏟아내는 여자다"라고 말한 것은 바로 이 여성을 두고 한 말이다.[58]

도시를 대신해서 입에 담지 못할 것들을 내뱉어야만 하는 고대 여성의 과업, 그리고 도시가 그러한 발화를 수용하기 위해 수립한 체계들에 대해 잠시 숙고해보도록 하자.

---

* 데모스테네스의 연설문 중 높은 확률로 다른 이들의 것으로 추정되는 연설문들의 저자를 '가짜 데모스테네스(Pseudo-Demosthenes)'라 칭한다.

아이스크롤로기아 같은 의례 체계는 그것의 정의를 내리는 데 있어서 약간의 곤란한 문제점들을 야기한다. 소리를 만들어내는 것의 다른 두 측면을 하나의 단일한 카타르시스 행위로 합쳐버리기 때문이다. 우리는 이와 같은 결합 전략을 목소리에 대한 고대 대부분의 논의와 현대의 몇몇 논의에서 이미 계속 보아왔다. 여성적 소리가 귀에 거슬리는 것은 여자의 목소리가 질적인 측면에서 불쾌한 동시에 말해져서는 안 되는 것을 말하는 데 사용되기 때문이다. 이 두 측면이 합쳐져서 그 경계가 흐릿해질 때, 인간 본성의 본질적 특성과 구성된 특성 사이의 차이에 대한 몇몇 중요한 문제들은 순환 논리 속으로 사라져버린다. 오늘날, 언어에서의 성별 차이는 다양한 연구와 해결되지 않은 논쟁의 주제다. 여자가 내는 소리는 어미변화 패턴, 억양의 범위, 선호하는 구문론, 의미장*, 발음, 서술의 질감, 행동 패턴, 문맥적 압박의 측면에서 남자가 내는 소리와 차이를 보인다고 말해진다.[59) 그러한 차이가 고대에도 존재했을 거라며 우리를 감질나게 하는 흔적들은, 이를테면 아리스토파네스가 남자는 원하기만 하면 "여자의 언어"를 배우거나 흉내 낼 수 있다며 대충 언급하고 지나가는 말들(『테스모포리아 축제의 여인

---

* semantic field. 의미상 관련이 있는 단어들의 집합.

들』)[60], 혹은 올롤뤼가 같은 여성적 외침들이 갖는 두드러진 의성어적 형태와 고르곤, 바우보, 에코, 시링크스, 에일레이튀이아 같은 여성의 이름들에서 찾아볼 수 있을지도 모르겠다.[61] 하지만 일반적으로, 여성의 입과 생식기의 상동 관계처럼 전략적으로 모호하게 만들어버린 개념으로부터, 혹은 아이스크롤로기아 의식처럼 전술적으로 모호하게 만들어버린 활동으로부터 고대의 사실에 대한 명확한 설명을 이끌어내기란 불가능하다. 우리에게 드러나는 사실은 목소리의 타자성에 대한 반응의 패러다임이 한결같다는 점이다. 그 패러다임은 카타르시스의 형태로 나타난다.

이처럼 고대 그리스의 아이스크롤로기아 의식은 지크문트 프로이트가 자신의 동료 요제프 브로이어와 함께 히스테리 환자 여성들을 치료하며 개발한 치료법과 유사성을 보인다. 『히스테리 연구』에서, 프로이트와 브로이어는 이 혁명적인 치료법을 '카타르시스 요법'이라고 부르고, 또한 '대화 치료법'이라고도 부른다. 프로이트의 이론에 따르면, 히스테리 환자들은 나쁜 기억이나 불쾌한 감정이 내면에 오염 물질처럼 갇혀 있는 여자들이다. 프로이트와 브로이어는 그 여자들이 최면 상태에서 입에 담지 못할 말들을 내뱉도록 유도함으로써 이 오염 물질을 배출시킬 수 있다는 사실을 밝혀낸다. 최면에 걸린 여자들은 어떤 놀라운 소리들을 낸다. 프로이트가 서술한 사례연구 속 한 여성은 언뜻 듣기에는 암탉처럼 시끄러운 소리만 낼 뿐이고, 다른 여성은 빈Wien 사람인데도 영어 사용을 고집하며, 또다른 여성은 프로이트가 '착어증적 횡설수설'이라고 부르는 말들을 쓴다.[62] 하지만 이 모든 사례연구는 결국 이 정신분석가에 의해 히스테리 증상의 일관된 흐름과 합리적 해석으로 귀결된다. 이에 따른 결과로, 프로이트와 브로이어는 둘 다 히스테리 증상들이 사라진다고 주장한다—입에 담지 못할 나쁜 소리를 배출시키는 이 단순한 카타르시스 의식을 통해 정화되었으므로.

요제프 브로이어는 안나 O.라는 가명으로 불리는 환자와의 만남에 대해 이렇게 설명한다.

> (…) 나는 저녁때 그녀를 방문하곤 했는데, 그때면 그녀가 최면 상태에 빠져 있으리라는 걸 알았기 때문이다. 그러고서 나는 그녀가 지난번 방문 이후에 쌓아두었던 상상의 산물들을 전부 다 없애주었다. 좋은 결과를 얻어내려면 이것의 효과는 반드시 완전해야만 했다. 이를 마친 뒤에 그녀는 완전히 차분해졌고, 이튿날에는 상냥해지고 다루기 쉬워졌으며 부지런해지고 심지어 발랄해지기까지 했다.

(…) 그녀는 이러한 과정을 '대화 치료법'이라는 적절한 이름으로 불렀지만, 농담 삼아 말할 때는 '굴뚝 청소'라고 부르기도 했다.[63]

우리가 그것을 굴뚝 청소라고 부르든, 아이스크롤로 기아라고 부르든, 의례적인 장례식 애도라고 부르든, 여성들이 재잘재잘 떠드는 소리라고 부르든, 비프스테이크 같은 웃음소리라고 부르든, 반응의 패러다임이 동일하다는 사실만은 분명하다. 마치 여성이라는 성별 전체가 입에 담지 못할 것들과 관련된 나쁜 기억의 집합체라도 된다는 듯, 선의의 정신분석가 같은 가부장적 질서는 이 나쁜 소리를 정치적으로 적절한 용기容器로 옮겨 담는 게 자신이 떠맡은 치료의 책임이라고 여기는 듯하다. 여성의 위쪽 입과 아래쪽 입 모두가 그러한 통제를 필요로 하는 것처럼 보인다. 『히스테리 연구』의 한 각주에서 프로이트는 요제프 브로이어가 안나 O.와의 분석적 관계를 잠시 멈춰야 했는데, 그건 "그녀가 갑자기 브로이어에게 명백히 성적인 긍정적 전이를 강하게 드러냈고, 그 전이는 분석되지 않았기" 때문이라고 수줍게 언급한다.[64] 프로이트는 1932년에서야 브로이어와 안나 O. 사이에 실제로 무슨 일이 있었는지를 (동료에게 쓴 편지를 통해) 밝혔다.[65] 안나와의 마지막 면담이 있던 날 저녁, 브로이어는 그녀의 아파트에 들어갔다가 그녀가 복통으로 몸이 뒤틀린 채 바닥에 쓰러져 있는 걸 발견했다. 그가 대체 무슨 일이냐고 묻자 그녀는 곧 아이가 나올 것 같다고 대답했다. 프로이트가 "뜻밖의 사건"이라고 부른 이 일로 인해 브로이어는 『히스테리 연구』의 출간을 1881년에서 1895년으로 미뤄야 했고 결국 프로이트와의 공동 작업도 그만두게 됐다. 여성의 두 입이 동시에 말을 하려고 할 때는 심지어 대화 치료법조차도 침묵에 빠져야만 한다.

입이 두 개라는 사실은 혼란스럽고도 당황스러운 일이다. 두 입이 만들어내는 소리는 진정한 카코포니*다. 고대에서 가장 혼란스럽고 당황스러운 여성적 카코포니의 예를 하나 더 살펴보도록 하자. 소아시아에서 발견된, 연대가 기원전 4세기로 거슬러올라가는 일군의 테라코타 조각상들이 있는데, 그것들은 여성의 몸을 놀라울 만큼 짧은 형태로 표현하고 있다.[66] 그것들은 거의 두 개의 입만으로 이루어진 여자 조각상이다. 두 입은 결합된 채 하나의 불분명한 신체덩어리를 이루고 있고, 다른 해부학적 기능은 배제되어 있다. 게다가 두 입의 위치는 뒤바뀌어 있다. 말을 담당하는 위쪽 입은 조각상의 복부 아래에 있다. 아래쪽 입 혹은 생식기로서의 입은 머리 꼭대기에

---

* kakophony. 불협화음을 뜻한다.

서 활짝 벌어져 있다. 도상학자들은 이 괴물을 노파 바우보와 동일시하는데[67], 바우보는 그리스 전설에 등장하는 (데메테르 신화의) 노파 이암베의 이형異形이자 아이스크롤로기아 의식의 수호성인과도 같은 존재다. 바우보라는 이름에는 이중적 의미가 담겨 있다. 리들-스콧-존스 사전*에 따르면 명사 바우보*baubo*는 (여성의 자궁을 뜻하는) 코일리아*koilia*의 동의어로 사용되었지만, 소리의 측면에서 봤을 때는 개가 짖는 소리인 그리스어 의성어 바우바우*baubau*에서 유래한 것이다.[68] 바우보가 신화에서 보이는 행위 또한 의미심장하게도 이중적이다. 노파 이암베와 마찬가지로, 전설상의 바우보는 옷을 추어올려 생식기를 드러내는 동시에 음란한 말이나 농담을 외치는 이중의 의사 표시를 보내는 존재로 여겨진다. 바우보의 외침은 아이스크롤로기아 의식과 관련하여 하나의 원인론을 제공하며, 생식기를 노출하는 그녀의 행위 또한 종교의식으로 건너와서 아나쉬르마*anasyrma*(옷의 '추어올림')로 불리는 의례적 행위가 되었을 가능성이 있다.[69] 만일 그렇다면, 우리는 이 행위를 일종의 시각적 소음 혹은 의사 표시로서의 소음으로 봐야 할 것이다. 어떤 상황에서 그 상황을 변화시키거나 모면하기 위해 바깥으로 내지

---

* 가장 권위 있는 그리스어-영어 사전.

른, 액막이를 위한 발언의 형식으로 말이다. 플루타르코
스가 포위당한 도시들에서 여자들이 아나쉬르마의 의사
표시를 행하는 모습을 묘사하는 것은 그 때문이다. 적을
물리치기 위해, 그녀들은 성곽에 올라서서 입에 담을 수
없는 것들을 드러내려고 옷을 추어올린다.[70] 플루타르코
스는 여성의 이러한 자기 노출 행위를 그 상황에서의 미
덕의 예로 찬양한다. 하지만 내부를 외부로 드러내려는
이른바 여자의 확고한 경향은 전혀 별개의 반응을 유발
할 수도 있다. 바우보 조각상들이 그 반응의 강력한 증거
다. 이 바우보는 우리에게 터무니없이 조작 가능한 여성
정체성에 대한 하나의 단순하고도 혼돈스러운 도해를 보
여준다. 입의 이중성과 상호교환성은 섹스가 소리로 상
쇄되고 소리가 섹스로 상쇄되는 생명체를 낳는다. 이것
은 제기된 모든 질문에 대한, 그리고 여성적 본성의 혼란
스럽고도 당혹스러운 연속성으로 제기된 모든 위험 요소
에 대한 완벽한 대답처럼 보인다. 바우보의 두 입은 서로
를 전용專用한다.

　문화사학자들은 이 조각상들의 의미에 대해 의견을 달
리한다. 그들은 조각상을 만든 사람들의 성별이나 의도
나 정신 상태에 대해 그 어떤 확실한 정보도 가지고 있
지 않다. 우리는 그 조각상들이 물건으로서 지닌 목적 또
는 예술품으로서 지닌 분위기를 추측해볼 수 있을 뿐이

다. 나는 개인적으로 그 조각상들이, 벌거벗은 여자 사진을 중앙에 놓고 그 옆에 세상의 이목을 끄는 페미니스트들에 대한 몹시 공감되고 긴 기사들을 나란히 배치하길 유독 즐기는 지금의 『플레이보이』만큼이나 추하고 혼란스러우며 거의 우스꽝스럽다고 생각한다. 이것은 모순어법보다 정도가 더 심하다. 그러한 허위들의 병치에서는 의미의 죽음이 발생한다 ─ 중앙의 벗은 여자와 페미니스트 각각은, 고대 그리스인들이 소프로쉬네라고 불렀고 프로이트가 억압이라고 새로이 명명한 남성적 덕목의 환상을 조장하기 위해 『플레이보이』에 의해 구매되고 거래되는 사회적 산물이다.

이 문제와 관련해서, 성별에 대한 우리의 추정은 우리가 소리를 듣는 방식에 어떻게 영향을 미치는가? 나는 논의의 범위를 약간 넓게 잡았고 서로 다른 시기와 서로 다른 문화적 표현의 형태에서 가져온 증거들을 뒤섞었다 ─ 내 글의 논평가들이 민족지학*적으로 순진하다며 일축해버리고 싶어할 만한 방식으로 말이다. 나는 민족지학 자체에 순진한 요소, 적어도 거슬릴 만한 요소가 있다고 생각한다. 때로 나는 그리스 문헌을 읽을 때 심지어

안다고 생각하는 단어들도 모두 사전에서 찾아보려고 애쓴다. 그러면 놀라운 사실을 알게 된다. 어떤 단어들은 생각했던 것과는 꽤 다른 뉘앙스를 지녔다는 사실이 밝혀진다. 때로 그 단어들의 다른 뉘앙스는 그런 줄 몰랐더라면 던지지 않았을 질문들을 던지게 만든다. 최근에 나는 그리스어 단어 소프로쉬네를 질문의 대상으로 삼고 있다. 나는 이 자제의 개념을 궁금하게 여기고, 이 개념이 그리스인들이 믿었던 대로 정말 인간의 선량함에 대한 대부분의 의문과 문명의 딜레마에 대한 해답인지를 궁금하게 여긴다. 나는 억압 외에 다른 인간적 질서의 관념, 자제 외에 다른 인간적 덕목의 개념, 내부와 외부의 분리에 기초한 인간적 자아 외에 또다른 인간적 자아는 없을지를 궁금하게 여긴다. 혹은 더 정확히 말하면, 자아 외에 또다른 인간적 본질은 없을지를.

1) 아리스토텔레스, 『관상학(*Physiognomonica*)』, 807a.

2) 아리스토텔레스, 『관상학』, 813a. 키나이도스에 대해서는 『아이
스키네스의 「티마코스에 반대하여(Kata Timarchou)」, 1.31과 「거
짓 대사에 관하여(Peri tis parapresveias)」, 2.99; Dover(1975), 17,
75; Gleason(1990), 401 참조. 또한 제2차 소피스트 운동에서의
자기표현 문제를 다룬 Gleason(1994)의 한 개 장("The Role of the
Voice in the Maintenance of Gender Boundaries")을 미리 보도록 허
락해준 글리슨의 도움을 받았다.

3) 아리스토파네스, 『여인들의 민회(*Ekklesiazousai*)』, 113~114.

4) 아리스토텔레스, 『동물의 발생에 관하여(*Peri zoon geneseos*)』,
787b~788.

5) 오르바시오스, 『의술집성(*Oribasii Collectionum medicarum
reliquiae*)』, 그리스 의술 시리즈 VI권; Gleason(1994), 12.

6) 『The Observer』, October 7, 1979. 애덤 래퍼얼의 기사 중에서.

7) Ardener(1981), 59. 실비아 로저스의 글 중에서.

8) Howe(1954), 209; Vernant(1991), 117.

9) 『에우메니데스(*Eumenides*)』, 117, 131.

10) 『오뒷세이아(*Odysseia*)』, 4.275.

11) 아이스퀼로스, 『아가멤논(*Agamemnon*)』, 1213~1214.

12) 『아프로디테에게 바치는 호메로스 찬가(*Homērikoi humnoi: eis
Aphroditēu*)』, 18~20.

13) 『일리아스(*Ilias*)』, 14.216.

14) 이암베에 대해서는 Olender(1990), 85~90 및 참고문헌 참조.

15) 『필록테테스(*Philoktetes*)』, 188.

16) Luhan(1935), 324.

17) Hemingway(1964), 118.

18) Lobel and Page(1955), fr.130.

19) 아리스토텔레스. 『형이상학(*Metaphysica*)』, 986a22.

20) Eitrem(1919), vol.3, 44~53에 관련 내용이 정리되어 있다.

21) Boisacq(1907), 698.

22) Gernet(1983), 248; n.8.

23) 『오뒷세이아』, 6.122.

24) 『오뒷세이아』, 6.102~109.

25) Ehrlich(1910), 48의 해석에 따르는 Gernet(1983), 249~250.

26) 에두아르트 실버슈타인에게 보낸 편지. Grosskurth(1980), 889에 인용.

27) North(1996), 특히 1, 22, 37, 59, 206 참조.

28) 이를테면 소포클레스, 『아이아스(*Ajax*)』, 586.

29) 이암블리코스, 『피타고라스와 피타고라스주의자의 삶(*De vita Pythagorica*)』, 31, 194.

30) 『안드로마케(*Andromache*)』, 94~95.

31) 『트라키스 여인들(*Trachiniai*)』, 1070~1075.

32) 『오뒷세이아』, 22.411.

33) 아리스토텔레스, 『정치학(*Politiká*)』, 1, 1260a30에 인용.

34) 플루타르코스, 『플루타르코스 영웅전: 솔론(*Bioi paralléloi: Solon*)』

35) 『일리아스』, 18.339.

36) 『플루타르코스 영웅전: 솔론』, 12.5, 21.4. 나는 예수살렘 통곡의 벽에서 유대교 여성들이 큰 소리로 기도를 하는 문제(즉 토라의 낭독)에 대해 당대에 심각한 토론이 벌어지고 있다는 사실을 마릴린 카츠를 통해 알게 되었다: "내가 들은 주된 반대 이유는 남성들이 강제적으로 콜 이샤(kol ishah, 여성의 목소리)에 노출된다는 사실과 관련되어 있다. 남성들은 보통 랍비들이 탈무드와 다른 곳에서 명시한, 성적 유혹을 포함한 수많은 이유들로 인해 여성의 목소리로부터 보호받길 바란다."

37) 『정치학』, 1253a.

38) 이 일화는 1871년 12월 보스턴에서 열린 사회과학연합회Social Science Association에서 알렉산더 그레이엄 벨이 행한 강연의 일부를

구성한다.

39) Freud and Breuer(1965).

40) "우리는 환자가 사건을 분명히 떠올리게 하는 데 성공했을 때, 그리고 환자가 그 사건을 가능한 한 자세히 설명하고 그 감정을 말로 표현하게 했을 때, 각각의 독립된 히스테리 증상이 즉각적이고도 영구적으로 사라졌다는 사실을 발견했다." 프로이트는 계속해서 "꽉 막힌 감정이 말을 통해 빠져나오도록 함으로써" 정신 치료 요법이 이루어진다고 말한다(*Ibid.*, 6, 253).

41) 헤로도토스, 『역사(*Historiai*)』, 1.75.

42) 플루타르코스, 『부부 관계의 지침(*Gamika parangelmata*)』, 31 = 『모랄리아』, 142d; Gleason(1994), 65.

43) 아리스토텔레스, 『동물론(*Historia animalium*)』, 581a31~b5; 『수이다스(*Suidas*)』 사전의 디아그노몬(Diagnomon) 항목; Gleason(1994), 53; Hanson and Armstrong(1986), 97~100; Hanson(1990), 328~329 및 참고문헌.

44) 플루타르코스, 『수다에 관하여(*Peri adoleschias*)』, 11 = 『모랄리아』, 507b~d.

45) *Ibid.*, 7 = 『모랄리아』, 505a.

46) *Ibid.*, 17 = 『모랄리아』, 511b6~10.

47) 이 표현의 논리는 여성의 생리작용에 신비하게도 늘 수분이 넘쳐난다는 사실에 대한 남성적 관찰, 또한 여성의 자궁을 거꾸로 뒤집힌 항아리로 본 고대 의학의 지배적인 관념과 명백히 관련되어 있다. Carson(1990); Hanson(1990), 325~327; Sissa(1990), 125~157 참조.

48) 히포크라테스, 「여성의 질병들(Peri gynaikeion)」, 2.137, 8.310.5(ed. Littré); 갈레노스, 『신체부위들의 유용성에 관해(*De usu partium corporis humani*)』, 15.3; Hanson(1990), 321~329; Olender(1990), 104~105; Sissa(1990), 5, 53~66, 70, 166~168.

49) 갈레노스, 『발생에 관하여(*De genitura*)』, 15.2~3; Hanson(1990), 328.

50) 소라누스, 『부인과학(*Gynaikeia*)』; 1.4.22; Gleason(1994), 122.

51) 아이스퀼로스, 『아가멤논』, 244; Hanson(1990), 329~332;

Hanson and Armstrong(1986).

52) 『아가멤논』, 244.

53) 『부인과학』; 1.44(ed. Ilberg, Corpus Medicorum Graecorum, IV.3.1.9~11; Hanson(1990), 315, 321~322.

54) 헤시오도스, 『신통기(*Theogonia*)』, 280~281; Wasson et al.(1978), 120.

55) "그리스와 관련된 증거는 그 모든 일들이 부조리와 익살이었음을 대체로 두드러지게 보여주고 있다. 거기에는 하위 계급과 몸의 저속한 부분들로의 의식적인 하강이 있다. (......)": Burkert(1985), 105.

56) 에우리피데스, 『박코스 여신도들(*Bakchai*)』; Detienne and Vernant(1979), 184~186; Zeitlin(1982), 146~153.

57) 안테스테리아 축제에 대해서는 Parke(1977), 107~113; Burkert(1985), 239 참조.

58) 가짜 데모스테네스, 「네아이라에 반대하여(Kata Neairas)」, 73.

59) 이를테면 Adler(1978); Cixous(1981); Gatens(1991), 특히 6~84; Irigaray(1990); Kramarae(1981); Lakoff(1975); Sapir(1949); Spender(1985) 참조.

60) 아리스토파네스, 『테스모포리아 축제의 여인들(*Thesmophoriazousai*)』, 192, 267.

61) 그리스비극에 나타난 남성의 여성화에 대해서는 Zeitlin(1985) 또한 참조.

62) Freud and Breuer(1966), 5~17, 29.

63) *Ibid*., 30.

64) *Ibid*., 40 n.1.

65) Gay(1988), 67.

66) Olender(1990)와 도판.

67) Diels(1907)가 그와 같이 동일시한다. 바우보에 대해서는 추가적으로 Athanassakis(1976); Burkert(1985), 368; Devereux(1983); Graf(1974), 169, 171; Lobeck(1829); Olender(1990) 참조.

68) 모리스 올렌데르는 아이에게 젖을 먹이는 행위와 관련된 또다른 해석을 제안한다. Olender(1990), 97~99 및 참고문헌.

69) Graf(1974), 169, 195; Olender(1990), 93~95.

70) 플루타르코스, 「여성의 미덕에 관하여(Gynaikōn aretai)」, 5.9 = 『모랄리아』, 532f.

Adler, M. K.(1978), *Sex Differences in Human Speech*, Hamburg.

Alexiou, M.(1974), *The Ritual Lament in Greek Tradition*, Oxford.

Ardener, S.(1981), *Women and Space*, London.

Athanassakis, A. N.(1976), "Music and Ritual in Primitive Eleusis,"*Platon* 28, pp.86~105.

Boisacq, E.(1907), *Dictionnaire étymologique de la langue grecque*, Paris & Heidelberg.

Burgeière, P., ed.(1988), *Soranus. Maladies des Femmes I*, Paris.

Burkert, W.(1983), *Homo Necans*, trans. P. Bing, Berkeley.

____(1985), *Greek Religion*, trans. J. Raffan, Cambridge, Mass.

Cameron, A. and A. Kuhrt(1983), *Images of Women in Antiquity*, London.

Cameron, D.(1990), *The Feminist Critique of Language: A Reader*, London & New York.

Carson, A.(1990), "Putting Her in Her Place: Woman as Dirt in Ancient Society",Zeitlin(1990), pp.135~170.

Channon, Sir H.(1967), *Chips: The Diaries of Sir Henry Channon*, London.

Cixous, H.(1981), "Castration or Decapitation?,"*Signs* 7, pp.27~39.

Dean-Jones, L.(1989), "Menstrual Bleeding According to the Hippocraticis and Aristotle,"*Transactions & Proceedings of the American Philological Association* 119, pp.177~192.

Detienne, M. and J.-P Vernant(1979), *La cuisine du sacrifice en pays grec*, Paris.

Devereux, G.(1983), *Baubo: La vulve mythique*, Paris.

Diels, H.(1907), "Arcana cerealia,"*Miscellanea di archeologia, storia e filologia dedicata al Professore A. Salinas*, Palermo, pp.3~14.

Doane, M. A.(1986), "The Clinical Eye: Medical Discourses in the Woman's Film of the 1940's," Suleiman(1986).

Dover, Sir K. J.(1975), *Greek Homosexuality*, Oxford.

Ehrlich, H.(1910), *Zur indogermanischen Sprachgeschichte*, 3 vols., Kristiana.

Eitrem, S.(1919), *Beiträge zur griechischen Religionsgeschichte*, 3 vols., Kristiana.

Freud, S.(1925), "A Mythical Parallel to a Visual Obsession", *Collected Papers*, trans. J. Strachey, London, vol.4, pp.345~346,

Freud, S. and J. Breuer(1966), *Case Studies on Hysteria*, trans, J. Strachey, New York.

Gatens, M.(1991), *Feminism and Philosophy*, Cambridge.

Gay, P.(1988), *Freud: A Life for our Time*, New York.

Gernet, L.(1953), "Dionysos et la religion Dionysique", *Revue des études grecques* 66, pp.377~395 (=*Anthropologie de la Grèce antique*, Paris, 1968, pp.63-89).

____(1983), *Les Grecs sans miracle*, Paris.

Gleason, M. W.(1990), "The Semiotics of Gender: Physiognomics and Self-Fashioning in the Second Century C.E.", Zeitlin(1990), pp.389~415.

____(1994), *Making Men: Sophists and Self-Presentation in Ancient Rome*, Princeton.

Graf, F.(1974), *Eleusis and die orphische Dichtung: Athens in vorhellenistischer Zeit*, Berlin.

Grosskurth, P.(1980), "Review of R. W. Clarke, *Freud: The Man and the Cause*", *TLS*, August 8, pp.887~890.

Hanson, A.(1975), "Hippocrates: Diseases of Women I", *Signs* 1, pp.567~584.

____(1985), "The Women of the Hippocratic Corpus", *Bulletin of the Society of Ancient Medicine*, 13, pp.5~7.

____ and D. Armstrong(1986), "The Virgin's Neck and Voice: Aeschylus,

Agamemnon 245 and Other Texts", *Bulletin of the Institute of Classical Studies*, p.97 sqq.

____(1988), "Diseases of Women", Burguière (1988).

____(1990), "The Medical Writers' Woman", Zeitlin (1990), pp.308~335.

Hemingway, E.(1964), *A Moveable Feast*, New York.

Hippocrates (1839-1861), *Oeuvres complètes d'Hippocrate*, ed. E. Littré, 10 vols., Paris (reprint Amsterdam, 1962).

Holst-Warhaft, D.(1992), *Dangerous Voices*, New York.

Howe, T.(1954), "The Origin and Function of the Gorgon Head", *American Journal of Archaeology* 58, pp.209~221.

Irigaray, L.(1990), *Sexes et genres à travers les langues*, Paris.

King, H.(1983), "Bound to Bleed: Artemis and Greek Women", Cameron (1983), pp.109~127.

Kramarae, C.(1981), *Women and Men Speaking*, Rowley, Mass.

Lakoff, R.(1975), *Language and Woman's Place*, New York.

Lobeck, C. A.(1829), *Aglaophamus sive de Theologiae Mysticae Graecorum Causis*, 3 vols., Konigsberg.

Lobel, E. and D. L. Page (1955), *Poetarum Lesbiorum Fragmenta*, Oxford.

Luhan, M. D.(1935), *Intimate Memoirs*, 2 vols., New York.

MacKinnon, C.(1987), *Feminism Unmodified: Discourses on Life and Law*, Cambridge, Mass.

North, H.(1966), *Sophrosyne*, Ithaca.

Olender, M.(1990), "Aspects of Baubo: Ancient Texts and Contexts", Zeitlin (1990), pp.83~107.

Oribasios, *Collectionum medicarum reliquiae*, ed. J, Raeder, 4 vols (= *Corpus Medicorum Graecorum*, VI.1.1-2, VI.2.1-2, Leipzig, 1928-1933).

Parke, H. W.(1979), *Festivals of the Athenians*, London.

Raphael, A.(1979), *The Observer*, October 7.

Sapir, E.(1949), *Selected Writings on Language, Culture and Personality*, Berkeley.

Sissa, G.(1990), *Greek Virginity*, trans. A. Goldhammer, Cambridge,

Mass.

Soranos, *Sorani Gynaeciorum Libri IV*, ed. J. Ilberg(= *Corpus Medicorum Graecorum* IV, Berlin, 1927).

____, *Soranus' Gynecology*(1956), trans. O. Temkin, Baltimore.

Spender, D.(1985), *Man Made Language*, London.

Suleiman, S. R.(1986), *The Feminine Body in Western Culture*, Cambridge, Mass.

Vernant, J.-P.(1982), *The Origins of Greek Thought*, Ithaca.

____(1991), *Mortals and Immortals*, ed. F. Zeitlin, Princeton.

Wasson, R., C. P. Ruck and A. Hoffman(1982), *The Road to Eleusis*, New York.

Zeitlin, F.(1982), "Cultic Models of the Females", *Arethusa* 15, pp.129~137.

____(1985), "Playing the Other: Theater, Theatricality and the Feminine in Greek Drama", *Representations* 11, pp.63~94.

____ et al., eds.(1990), *Before Sexuality*, Princeton.

발문

한결같이 기억할 만한 시를 쓰는

앤 카슨은 사랑과 배움에 대한 자신의 책 『에로스, 달콤쌉쓸한』(1986)을 돌고 있는 팽이를 잡으려 하는 한 철학자가 등장하는 카프카의 단편斷片으로 시작하는데, 그 철학자는 "어떤 사소한 것, 예컨대 돌고 있는 팽이를 이해한다면 모든 것을 이해하기에 충분하다고 믿었기 때문에" 그리한다. 가장 사소한 것이 진실로 이해된다면 모든 것이 이해된다. 우리 지구는 축을 중심으로 돌고, 원자들도 돌며, 가장 활기찬 평형 상태도 현기증을 필요로 하는 듯 보인다. 놀고 있는 소년들 주변에 있길 좋아하기도 했던 방금 그 철학자는, 그 또한 소년인 에로스가 배움에 대한 사랑인 철학[1]에 필수적인 요소라고 생각했다. 반쪽 길이의 작품인 카프카의 「팽이」의 배후에는 지골指骨 구슬로 공기놀이를 하고 있는 그리스 소년들이 있고, 그들이 놀고 있는 한 그들의 마음은 돌고 있고 살아 있고 지적 탐구에 열려 있음을 알면서 그들을 지켜보고 있는 소크라테스가 있다.

우리가 그 탁월함에 활기차게 돌면서 『에로스, 달콤쌉쌀한』으로부터 배우는 것은, 그 저자가 매우 약삭빠른 철학자이자 기민한 독자, 봄날의 초원처럼 신선하며 그 어디에도 먼지가 내려앉지 않은 정신을 지닌 학자라는 사실이다. 고전학자들이라는 무리는 활기찬 경향이 있다. 에라스뮈스는 신이 만들 수 있는 가장 매력적인 인간이었다. 이제는 그 비밀스러운 인생이 우리에게도 알려져 있는 A. E. 하우스먼은 마지막 진짜 이교도의 자리를 두고 노먼 더글러스와 겨루었다. 나의 첫번째 그리스어 선생님인 제임스 나딘 트루스데일은 우리와의 8시 수업에 들어오기 전에 듀크 체육관 수영장에서 태어났을 때처럼 알몸으로 여러 번 왕복하며 헤엄을 쳤다. 우리가 맨 처음 만났을 때, 그는 성큼성큼 걸어들어오더니 교관 같은 목소리로 말했다. 그리스 문자의 첫째 글자는 알파, 두번째 글자는 베타, 세번째 글자는 감마라고.

---

1 철학(philosophy)은 어원학적으로 '지혜(sophia)'에 대한 '사랑(philo)'을 뜻한다.

내가 읽은 앤 카슨의 두번째 글은 학술지에 실린 논문 「입에 문이 달려 있지 않은 에코: 소포클레스, 플라톤 그리고 디포를 통한 개념적 굴절Echo with No Door on Her Mouth: A Notional Refraction through Sophokles, Plato, and Defoe」이었다. 디포라니![2] 읽기 겁이 날 지경인 글을 쓰는 고전학자들이 있다(일단 준츠, 커크, 커닝햄, 페이지 등이 떠오른다[3]). 올림포스에서 법을 들고 내려오는 이들은 엄격하고 더없이 성실한 자들이며, 그들은 만일 에로스가 뻔뻔한 표정을 짓는다면 손을 봐줄 지팡이를 들고 다닌다. 하지만 이들 고전주의자들이야말로 우리 문화를 여러 문화들 중 하나로 보는 자들이요(그리스는 고대 이스라엘과 마찬가지로 호전적인 이민족들의 원형 교차로였고, 로마는 세상 모든 일에 참견하는 미국 같은 나라였다), 지금도 우리 문화의 정원이 가꾸어지는 이교도적 표토表土에 가장 덜 당황하는 자들이다.

고전주의자에게 과거란 그저 집에 있는 다른 방들만큼이나 친숙한 또하나의 방일 뿐이다. 제인 해리슨은 식전기도를 드리면서 대담하게도 "저희에게 일용할 양식을 주신

---

2 『로빈슨 크루소』로 유명한 대니얼 디포(Daniel Defoe)를 가리킨다.

3 차례로 귄터 준츠(Günther Zuntz), 제프리 커크(Geoffrey Kirk), J. V. 커닝햄(J. V. Cunningham), 데니스 페이지(Denys Page)를 가리킨다.

것에, 주님께서는 진정으로 감사히 여기시길"이라고 말하는 상류층 아버지와 함께 자랐다. 제우스와 야훼는 둘 다 이 기도에서 그 어떤 삐딱함도 보지 못했을 것이고, 어린 제인은 그리스 의례의 성실한 해설자로 성장했다. 앤 카슨의 시에서 우리는 시간과 장소의 투명성을 통해 도처에서 심층을 들여다본다. 버지니아 울프가 그러하듯이, 그는 생생한 행위로 우리의 주의를 끄는 장면들 — 황야, 방, 과수원, 사막 들 — 을 우리에게 전해준다.

시인들은 보는 방식을 통해 자신들을 남들과 구별짓는다. 우둔한 시인은, 시인들이 보는 것이라고 본인이 생각하는 것을 유행에 따라 혹은 맹목적으로 보는 자이다. 독창적인 시인은 (엘리엇이 라포르그처럼 보거나 파운드가 중국인처럼 보듯[4]) 새로운 눈으로, 혹은 수입해온 시야로 본다. 앤 카슨의 시각은 독창적이다. 우리는 아직 그 시각에 익숙하지 않으며, 그는 휘트먼이나 에밀리 디킨슨이 당대에 그러했듯 비非시적이거나 정신이 번쩍 들 만큼 새롭게 보일지도 모르겠다. 카슨은 감정으로 일종의 수학을 하듯, 대담한 방정식과 순환하는 이미지의 집합과 부분집합으로 글을 쓴다. 매슈 아널드의 경우가 그러

---

4 T. S. 엘리엇(T. S. Eliot)은 상징주의 시인 쥘 라포르그(Jules Laforgue)의 영향을 받았으며, 에즈라 파운드(Ezra Pound)는 한시(漢詩)에 큰 영향을 받아 이를 영어로 번역하기도 했다.

하듯, 진실과 관찰이 서정시적 효과나 채색보다 더 중요하다. 만일 좋은 구절이 써지면 쓰면 된다. 앤 카슨의 시들은 원초적인 긴급함 속에서 쓰인 메모 같고, 갑작스레 이어지는 말들처럼 신선하고 선명하다. 하지만 그것은 말할 무언가, 마음속에서 진행되어왔고 상상력 속에서 곱씹어져왔으며 각운이나 운율로는 더이상 진행되지 않을 무언가가 생겨날 때까지 침묵을 지키는 화자의 말들이다.

「이사야서」라는 시가 우리에게 앤 카슨의 천재성을 둘러볼 실마리를 던져줄지도 모르겠다. 이 시는 고대 신학과 고대 유대교의 심오하게 원시적인 느낌을 상상하게 하는 그 능력에 있어서 우리로 하여금 슐라미스 하레벤의 『나비 *Navi*(예언자)』를 떠올리게 하는 작품이다. 하레벤과 카슨은 둘 다 구약성서적인 사고방식과 서술 방식을 도입할 줄 아는데, 하레벤은 그것을 누멘[5]에 도입하고, 카슨은 그것을 인간적인 (그리고 심지어 재치 있는) 성서적 스타일의 기이한 이야기, 이질적 사건들의 역사처럼 들리는 집적물, 각양각색의 연대기 작가들이 순서나 일관성에 상관없이 기록한 구전에 도입한다. 카슨의 이사야와 카슨의 신은 둘 다 진정으로 성서적이며, 그 어느 부

분에서도 명예훼손을 일으키지 않는다. 그들은 놀랍도록 낯설어 보이는데, 그것은 우리가 성서를 솔직한 마음으로 읽도록 배운 적이 드물기 때문이다.

나는 시인을 보면 바로 진가를 알아보는 제임스 로린과 비슷한 시기에 앤 카슨의 시를 발견하기 시작했다. 그는 "당신이 꼭 읽어야 할 신에 대한 시"가 있다며 나의 주의를 환기시켰다. 자신의 양떼를 지켜보고, 자신의 시를 쓰고, 출판업에 종사해온 60년의 세월 동안 알게 된 수백 명의 작가들(안드레이 코드레스쿠는 그를 '모더니즘의 대부'라고 부른다)과 연락을 주고받는 곳인 코네티컷의 목초지에 있는 집 뒤쪽 창가에 앉아서, 로린은 그 영리한 눈으로 앤 카슨의 진가를 알아보았다. 한결같이 기억할 만한 시를 쓰는 진짜 시인의 모습을. 그리하여, 원고를 받아내기 쉽지 않았을 것으로 생각되는 이 책이 출간되게 되었다. 그러고는 별로 적절치 못한 이 발문이 쓰이게 되었는데, 로린이 "이 시인한테는 설명이 필요해"라고 생각했기 때문이다. 나는 카슨에게 설명이 필요하리라고는 전혀 생각하지 않지만, 로린은 뉴디렉션스에서 시집을 내는 자신의 시인들이 더디게 인정받는 세월을 보내왔고—환자들 사이에서 시를 썼던 소도시의 의사인 윌리엄 칼로스 윌리엄스를 알아보고 용감하게 출간하여 거장으로 만들기까지 30년이 걸렸다—이제는 일의 속도를 내고 싶어한다. 이 일을 하는 데는, 아마 내가 하려는 것보다 훨씬 더 나은 매혹적인 방법들이 있겠지만 말이다 (나는 그의 글, 그리고 그가 화산 애호가이며 화산이 폭발하는 모습을 그리기도 한다는, 본질과 무관한 사실 말고는 앤 카슨에 대해 아는 게 아무것도 없다).

시를 감식하는 것은 그러나 쉬운 일이다. 대부분의 요즘 장편소설보다 더 다채로운 시 「유리 에세이」를 읽어보라. 그것이 완전히 명료한 서술로 하나의 주제를 또다른 주제와 어떻게 엮고 융합하는지, 브론테 자매를 다이몬으로 등장시켜 어떻게 시를 주관하고 그 안에 출몰하게 하는지, 두 개의 강력한 이야기를 어떻게 톨스토이적인 기술로 들려주는지, 주제들을 미묘하고도 놀라운 방식으로 어떻게 숙고하는지를 보라. 이것은 대담하게 새로운 종류의 시이지만, 이 시를 훌륭하게 만드는 것은 대담도 새로움도 아니다. 이 시가 훌륭한 것은 진실함, 그리고 진술이 지닌 감수성 때문이다. 이러한 우수성은 각 시편마다 유지되며, 그럼에도 서로 비슷한 시는 한 편도 없다. 앤 카슨의 창의력은 아무래도 무한한 듯하다. 그의 관심 분야는 지평선에서 지평선까지 뻗어 있다.

새로운 형식에의 도전은 금세기 전반에 걸쳐 예술의 정신이 되어왔다. 조이스[6]의 대담성은 그가 쓴 모든 페이지에서 분명히 드러나고, 그것은 파운드나 커밍스의 경우도 마찬가지다. 때로 대담성은 다른 것들에 유용한 기술을 위하기보다는 (거트루드 스타인의 작품 절반 정도와 피카소의 작품 대부분이 그러했듯이) 대담성 그 자체를 위한 것일 때가 많았다. 앤 카슨의 대담성은 성공한다. 그는 (우리가 아마 고전주의자에게 기대하듯) 시를 훌륭하고 강력한 서술로 되돌아가게 하는 이들 중 한 명이다. 그는 (모든 시들이 노래였을 때 생겨난) 반복되는 스탠자[7] 형식으로부터 윤곽이 잘 드러난 구절들의 덩어리, 산문에서의 절節과 유사한 것으로 관심을 돌린다. 산문은 카슨의 당김음을, 간결함을, 재빠른 장면 전환을 감당하지 못할 것이다.

그는 훌륭한 시만큼이나 아름답고 매력적인 철학책과 비평적 에세이를 쓰기에, 그의 시들이 철학적이라는 사실은 놀라울 게 못 된다 ─오래된 의미에서 봤을 때, 헤라클레이토스(그의 단편들이 시에서 나온 것이라고 한다면)에서 루크레티우스에 이르기까지, 그리고 심지어 그 후로도 오랫동안(베르나르두스, 단테, 카발칸티에 이르기까지[8]) 시는 철학을 기술하는 한 방식이었다. 소크라테스

---

6 『율리시스』 등으로 유명한 제임스 조이스(James Joyce)를 가리킨다.

7 stanza. 4행 이상의 각운이 있는 시구.

8 베르나르두스는 12세기 프랑스의 스콜라 철학자인 베르나르두스 실베스트리(Bernardus Silvestris)를, 카발칸티는 13세기 이탈리아의 시인 귀도 카발칸티(Guido

가 사포의 욕망을 젊음의 탓으로 돌리고 그것을 배움의 과정과 결합시키면서 욕망을 승화시키고 스토아 철학의 규제로 단련시켰을 때, 그는 서양의 천재성에게 그후 거의 이천 년 동안 지속된 철학적 아이디어를 전해준 것이다. 욕망은 이제 의학적이고 사회학적인 문제다. 에로스 신과 그의 어머니 아프로디테는 또다시 무법자가 되었고 새로운 청교도주의가 강림했지만, 세상에는 여전히 에로스의 지배를 허용하고, 예언자들이 잠들어 있는 동안 정원의 과꽃들이 어둠 속으로 붉은 천둥을 풀어놓았다고 우리에게 말해줄 수 있는 시인들 ─ 앤 카슨도 그들 중 한 명이다 ─ 이 있다.

가이 대븐포트

Cavalcanti)를 가리킨다.

옮긴이의 말

황유원

슬픔과 빛으로 만든 유리 조각

『유리, 아이러니 그리고 신』은 캐나다의 시인이자 고전학자 앤 카슨이 1995년에 뉴디렉션스출판사에서 출간한 두번째 시집이다(물론 같은 해에 크노프에서 '에세이와 시'라는 부제를 단 『플레인워터』를 출간하기도 했는데, 여기에는 예전 선집에 수록되었던 「카니쿨라 디 안나」와 단행본으로 출간되었던 『짧은 이야기들』이 재수록되어 있다).

전작인 『짧은 이야기들』을 보고 카슨의 간결하면서도 팽팽한 문체와 다양한 관심사에 놀랐던 독자라면 『유리, 아이러니 그리고 신』에 더 큰 놀라움을 느낄 수밖에 없을 텐데, 여기서는 훨씬 더 다양하고 실험적인 시도들이 이루어지고 있기 때문이다. 『유리, 아이러니 그리고 신』은 '시'라는 이름하에 에세이, 산문시, 비평, 번역, 극, 일기, 고전 다시 쓰기 사이를 거침없이 오간다.

*

『유리, 아이러니 그리고 신』은 다섯 편의 장시와 거의 논문에 가까운 에세이 한 편으로 구성되어 있다.

첫번째 작품인 「유리 에세이」는 카슨의 가장 중요한 작품 가운데 하나로, 소위 카슨의 '시그니처 포엠'으로 불리는 작품이다. 상실과 고독, 그리고 결국 그것들로부터 벗어날 가능성에 대한 한 편의 시소설과도 같은 이야기. 그동안 여러 논문이 쓰이기도 했을 만큼 다층적인 작품이지만, 사실 별다른 설명 없이도 충분히 직관적으로 이해되는 작품이다. 그럼에도 알아두면 좋을 몇몇 정보들을 위해 각주를 달아놓았는데 이 자리에서 한 가지만 더 부연하자면, 영어 'glass[gla:s]'는 '투명한 물질(유리)' '확대경 렌즈' '거울'을 뜻하며, 이와 발음이 같은 프랑스어 'glace[glas]'는 '얼음' '거울'을 뜻한다. 「유리 에세이」에는 방금 거론한 사전적 정의들이 거의 전부 등장해, 마치 그것들이 차례대로 시각화되어 펼쳐지며 확장되고 있다는 느낌이 들기도 하고, 'essay'가 '시도'라는 뜻의 프랑스어

'essai'에서 유래했다는 사실을 상기할 때, 이 작품은 실은 'glass'의 다양한 의미들의 문학적 형상화를 '시도'하는 실험의 결과물이라는 느낌이 들기도 하는데, 이는 우연이 아니라 어디까지나 카슨의 의도로 봐야 할 것이다(카슨의 작품에 익숙한 독자라면 누구나 아는 사실이겠지만, 카슨은 원래 외국어 단어나 문장을 아무 설명 없이 그대로 인용하길 즐기며, 프랑스어 사전을 뒤져가며 마르셀 프루스트의 『잃어버린 시간을 찾아서』를 읽고 있다고 여러 번 밝혔을 만큼 프랑스어에도 해박하다). 그리고 한 가지 더. 앤 카슨의 아버지는 「유리 에세이」의 화자의 아버지와 마찬가지로 치매 환자였다고 한다.

이어지는 작품, "나의 종교는 말도 안 되고 / 내게 도움이 되지도 않는다, / 그렇기에 나는 그것을 따른다"라는 커다란 아이러니로 시작하는 「신에 관한 진실」은 아마도 『유리, 아이러니 그리고 신』에서 가장 많은 아이러니를 담당하고 있을지도 모르겠다. 신에 관한 온갖 상상력이 날카로운 빈정거림과 함께 난무하는 이 작품은, 그러나 「유리 에세이」의 화자가 마침내 고독에서 벗어나듯, 마침내 슬픔에서 벗어나는 과감한 결말로 나아간다. 「신에 관한 진실」의 마지막 시 '신의 일'은 신의 여러 표식들을 나열한 다음, 이렇게 마무리된다. "이 다양한 표식들로부터 당신은 / 할일이 얼마나 남아 있는지를 알 수 있다. /

슬픔은 걷어버려라, 그것은 할 일을 가리고 있는 덮개다."

「TV 인간」에서 카슨은 고대 그리스의 유명인들인 헥토르, 소크라테스, 사포에서부터 프랑스의 작가 아르토에 이르는 다양한 인물들을 TV에 출연시키며 고전적인 것과 현대적인 것을 뒤섞는데, 이는 카슨이 즐겨 사용하는 방법으로, 카슨의 다른 작품들을 본 적이 있는 독자라면 이미 익숙한 광경일 것이다. 「로마의 몰락: 여행자 가이드」는 로마 여행자의 일지 형식으로 이방인과 토박이 사이의 경계가 조금씩 허물어지는 과정을 보여주는 동시에("(이방인은 바로 나였구나! 등등)") 이방인이란 대체 누구이며 '지배master'란 대체 무엇인지에 대해 끊임없이 질문을 던진다. 「이사야서」에서는 구약의 대예언자 이사야가 '정의로움'을 뜻하는 두 고대 히브리어 단어 가운데 남성형 단어뿐만 아니라 여성형 단어까지 익히게 되는 진귀한 광경을 목격할 수 있다. 이사야가 "오크나무를 둘로 쪼개는 정의의 날벼락"으로서의 남성적 정의로움뿐 아니라 "목재의 텅 빈 근육 안에 버섯과 구더기와 원숭이 들이 / 터전을 잡는" 여성적 정의로움까지 알게 되는 것이다. 그리하여 어떤 밤이면, 이사야의 꿈속에는 "젖의 강" "연민의 강"이 흐르고, 영감으로 가득찬 그의 꿈과 조화라도 이루듯 "정원의 과꽃들은 어둠 속으로 붉은 천둥을 풀어놓"는다.

책의 마지막을 장식하는 「소리의 성별」은, 고전학자인 여성 시인이 페미니즘적 시각으로 에세이를 쓰면 어떤 작품이 탄생하는지를 보란 듯이 보여준다. 「소리의 성별」은 거의 논문에 가까운 에세이지만, 논문이라고 하기에는 너무나도 재치 있고 문학적인 에세이다. 여기서 분석의 대상이 되는 작품들은, 헤밍웨이와 프로이트의 작품을 제외하면 대부분이 그리스 고전이다. 그리스 고전 자체가 우리에게는 꽤나 낯선 것이고, 비판하기 이전에 이해하기조차도 어려운 측면이 있으므로 우리에게는 어느 정도 한계가 있을 것처럼도 보이는 글이나, 이 작품이 다루는 소재와 주제의 흥미로움은 그러한 한계조차도 전혀 무의미하게 만들어버린다. 남성의 저음과 여성의 고음이 성별의 기질에 대한 고정관념을 낳았으며(이를테면 "여자가 시끄럽게……"라거나 "여자는 말이 많다" 혹은 "남자는 입이 무거워야" 등등), 그러한 고정관념이 그리스 고전 등에서 어떻게 나타나는지를 이렇게 시적이고 지적인 문장으로 확인할 수 있는 글은 그리 많지 않을 것이다. 이를테면 이런 문장들을 보라. "우리가 내는 모든 소리는 작은 자서전이다. 소리의 내면은 완전히 개인적인 것이지만 그것이 그리는 궤적은 공적이다." 또한 「소리의 성별」에는 카슨의 작품 전반을 이해하는 데 있어서 중요한 실마리가 될 내용이 등장하기도 한다. 카슨은 이 작품의 말미에서 "최근에 나는 그리스어 단어 소프로쉬네를 질문의 대상으로 삼고 있다"라고 말하며, 자신이 원래 그리스 문헌을 어떻게 읽는지를 밝힌다. "때로 나는 그리스 문헌을 읽을 때 심지어 안다고 생각하는 단어들도 모두 사전에서 찾아보려고 애쓴다. 그러면 놀라운 사실을 알게 된다. 어떤 단어들은 생각했던 것과는 꽤 다른 뉘앙스를 지녔다는 사실이 밝혀진다. 때로 그 단어들의 다른 뉘앙스는 그런 줄 몰랐더라면 던지지 않았을 질문들을 던지게 만든다." 「유리 에세이」가 어떤 의미에서는 'glass'라는 단어의 변주였듯, 「소리의 성별」은 '소프로쉬네'라는 단어의 탐구와 확장인 것이다.

*

앤 카슨의 모든 작품에서 단연코 눈에 띄는 것은 바로 그 형식이다. 『유리, 아이러니 그리고 신』을 봐도 알겠지만, 수록된 작품들은 각기 다른 형식을 지닌다. 각 작품은 그것만의 형식을 철저히 따르며, 한 형식은 다른 형식과 절대 중복되지 않는다. 카슨의 작품에서 형식이 차지하는 위상이란, 카슨이 한 인터뷰에서 "보통 글을 쓸 때 처음에는 형식을 가지고 놀다가, 만일 며칠 내로 형식을 얻지 못하면 글을 쓸 생각을 하지 않는데, 왜냐하면 나는 형식 없이는 시작할 수 없기 때문"이라고 말할 정도로 중요한 것이다(1997년 『아이오와 리뷰』와의 인터뷰).

그렇다면 이처럼 서로 다른 작품들을 한자리에 있을 수 있도록 해주는 형식은 무엇인가? 그것은 제목이 말해주듯, 바로 '유리'와 '신'이다. ('아이러니'는 물론 작품 전반에 흐르며 일관된 분위기를 형성하고 있다고 말할 수도 있을 텐데, 이상하게도 카슨은 「이사야서」와 「소리의 성별」이 제외된 『유리, 아이러니 그리고 신』과 『짧은 이야기들』의 합본 『유리와 신』을 영국에서 출간하면서 '아이러니'라는 단어를 빼버렸다. 「이사야서」와 「소리의 성별」이 없으면 '아이러니'가 성립하지 않는다는 말일까, 아니면 『짧은 이야기들』이 함께 있으면 '아이러니'가 성립하지 않는다는 말일까, 그것도 아니면 '아이러니'라는 말은 굳이 없어도 괜찮다는 말일까?)

어쨌든 『유리, 아이러니 그리고 신』은 '유리'와 '신'을 통해 느슨하게나마 하나의 덩어리로 묶여 있다. 우선 '유리'부터 살펴보자. '유리glass'라는 단어는 책 제목과 작품 제목의 경우를 제외하면 의외로 몇 차례 등장하지 않는다. 「유리 에세이」에서 "유리의 대기"를 이야기하며 두 번, "위에 피 한 방울이 떨어진 유리판"을 이야기하며 한 번, "유리 안에 갇혀 있는 이 영혼"을 이야기하며 한 번, 그리고 「신에 관한 진실」에서 "왜냐하면 신의 외벽은 유리로 되어 있으니까"라고 이야기하며 한 번, 'TV 인간: 아르토'에서 "이 모든 정신적 유리들"을 이야기하며 한 번, 마지막으로 「이사야서」에서 "신은 그 민족의 구멍을 모두 뒤져 이사야를 유리처럼 박살내버렸다" "그는 유리 외투를 걸친 채 사막들과 검은 겨울 아침들을 가로질렀다"라고 말하며 두 번. 물론 '유리' 이미지는 『유리, 아이러니 그리고 신』 전체에 걸쳐 두 번 등장하는 '창유리pane' 이미지와 여섯 번 등장하는 '창문window' 이미지의 도움을 받기도 하지만, 그렇다고 하더라도 이처럼 여덟 번밖에는 등장하지 않는 것이다. 그럼에도 이 '유리' 이미지는, 어떤 의미에서는 모든 작품에 걸쳐 등장하는 대문자 '신'의 이미지보다 더 강력한 효과를 낳는다(혹은 '신'과 맞물려 더 강렬한 효과를 낳는다). 깨진 조각들처럼 작품 이곳저곳의 구석에서 각자 빛나며, 전혀 다른 맥락에 놓여 있으면서도 서로를 비추며 공명하는 것이다. 이보다 더 아이러니할 수 없을 만큼.

*

『유리, 아이러니 그리고 신』은 1995년에 출간되었을 당시 '지난 수십 년 동안 출간된 작품들 중 가장 대담하고 독창적인 작품'이라는 평가를 받았으며, 이 말은 그로부터 사반세기가 지난 지금까지도 분명 유효해 보인다. 샬럿 브론테가 에밀리 브론테의 『폭풍의 언덕』을 두고 말한 것과 마찬가지로, 언뜻 보면 "거친 작업장에서 깎아 만든" 것 같은 『유리, 아이러니 그리고 신』은, 그러나 그 대담함과 자유로움에 더해 주제적 예리함과 형식적 정교함까지 갖추고 있다. 이 책은 "거친 작업장에서 깎아 만든" 하나의 '유리 조각'이다. 그것은 거대한 슬픔과 빛의 덩어리로, 보고 있으면 "마치 우리 모두가 유리의 대기 속으로 끌려내려가기라도 한 듯"한 기분이 들고, 어쩔 수 없이 "이따금씩 유리 위로 말들이 자취를 남기며 지나간다".

앤 카슨의 작품을 읽을 때마다 느끼는 것이지만, 카슨의 놀라운 점은 자칫 현학적으로 흐를 수도 있는 지적인 작품들을 쓰면서도 결국에는 읽는 이의 마음을 아주 깊숙이, 그것도 더없이 '시적으로' 파고든다는 데 있다. 카슨 본인은 2016년 『가디언』과의 인터뷰에서 "나는 치유로서의 예술을 믿지 않는다"라고 말한 바 있지만, 이 시들, 특히 「유리 에세이」를 한 줄 한 줄 읽고 옮겨나가면서 나는 (어디에 무슨 상처가 있었는지도 모른 채) 그 상처가 조금씩 아물어가는 듯한 느낌을 받았고, 마지막 문장인 "그것은 빛 밖으로 걸어나갔다"에 이를 때마다 환한 추위와 빛 속에서 오래오래 전율했다.

그 전율이 이제 독자 여러분의 몫이 되리라고 생각하니 또다른 기쁨이 밀려온다. 여러 편집자분들과 김민정 시인님의 노고에도 불구하고 역자 본인의 부족함 때문에 그 기쁨이 온전히 전해지지 않을까 염려되기도 하지만, 정말 좋은 글은 부족한 번역의 어둠 속에서도 그 빛을 잃지 않을 거라 믿으며, 부족한 부분은 기회가 허락될 때마다 고쳐나갈 것을 약속드린다. 나는 이제 빛 밖으로 걸어나간다. 그 환한 빛은 이제 독자 여러분의 것이다.

황유원

유리, 아이러니 그리고 신

1판 1쇄 발행 2021년 9월 30일
1판 2쇄 발행 2021년 12월 15일
2판 1쇄 발행 2025년 10월 6일

지은이 앤 카슨
옮긴이 황유원
책임편집 권현승
편집 유성원 정가현
표지 디자인 퍼머넌트 잉크
본문 디자인 최미영
저작권 박지영 형소진 주은수 오서영 조경은
마케팅 정민호 박치우 한민아 이민경 박진희
황승현 김경언
브랜딩 함유지 박민재 이송이 박다솔 조다현
김하연 이준희
제작 강신은 김동욱 이순호
제작처 영신사

펴낸곳 (주)난다
펴낸이 김민정
출판등록 2016년 8월 25일
제406-2016-000108호
주소 10881 경기도 파주시 회동길 210
저작권 및 독자 문의
copyright_nanda@munhak.com
작가 섭외 및 행사 문의
innanda@munhak.com
페이스북 @nandaisart
인스타그램 @nandaisart @mohobook
엑스 @wingedpoems
문의전화 031-955-8875(편집)
031-955-2689(마케팅)
031-955-8855(팩스)

ISBN 979-11-94171-96-6 03840